文成太公祭

文成太公祭

总主编 金兴盛

浙江省非物质文化遗产代表作丛书

浙江摄影出版社
蒋海波 主编
林亦修 林小雯 编著

总　序

中共浙江省委书记
省人大常委会主任　夏宝龙

　　非物质文化遗产是人类历史文明的宝贵记忆，是民族精神文化的显著标识，也是人民群众非凡创造力的重要结晶。保护和传承好非物质文化遗产，对于建设中华民族共同的精神家园、继承和弘扬中华民族优秀传统文化、实现人类文明延续具有重要意义。

　　浙江作为华夏文明发祥地之一，人杰地灵，人文荟萃，创造了悠久璀璨的历史文化，既有珍贵的物质文化遗产，也有同样值得珍视的非物质文化遗产。她们博大精深，丰富多彩，形式多样，蔚为壮观，千百年来薪火相传，生生不息。这些非物质文化遗产是浙江源远流长的优秀历史文化的积淀，是浙江人民引以自豪的宝贵文化财富，彰显了浙江地域文化、精神内涵和道德传统，在中华优秀历史文明中熠熠生辉。

　　人民创造非物质文化遗产，非物质文化遗产属于人民。为传承我们的文化血脉，维护共有的精神家园，造福子孙后代，我们有责任进一步保护好、传承好、弘扬好非物质文化遗产。这不仅是一种文化自觉，是对人民文化创造者的尊重，更是我们必须担当和完成好的历史使命。对我省列入国家级非物质文化遗产保护名录的项目一项一册，编纂"浙江省非物质文化遗产代表作丛书"，就是履行保护传承使命的具体实践，功在当代，惠及后世，有利于群众了解过去，以史为鉴，对优秀传统文化更加自珍、自爱、自觉；有利于我们面向未来，砥砺勇气，以自强不息的精神，加快富民强省的步伐。

党的十七届六中全会指出，要建设优秀传统文化传承体系，维护民族文化基本元素，抓好非物质文化遗产保护传承，共同弘扬中华优秀传统文化，建设中华民族共有的精神家园。这为非物质文化遗产保护工作指明了方向。我们要按照"保护为主、抢救第一、合理利用、传承发展"的方针，继续推动浙江非物质文化遗产保护事业，与社会各方共同努力，传承好、弘扬好我省非物质文化遗产，为增强浙江文化软实力、推动浙江文化大发展大繁荣作出贡献！

（本序是夏宝龙同志任浙江省人民政府省长时所作）

前　言

浙江省文化厅厅长　金兴盛

要了解一方水土的过去和现在，了解一方水土的内涵和特色，就要去了解、体验和感受它的非物质文化遗产。阅读当地的非物质文化遗产，有如翻开这方水土的历史长卷，步入这方水土的文化长廊，领略这方水土厚重的文化积淀，感受这方水土独特的文化魅力。

在绵延成千上万年的历史长河中，浙江人民创造出了具有鲜明地方特色和深厚人文积淀的地域文化，造就了丰富多彩、形式多样、斑斓多姿的非物质文化遗产。

在国务院公布的四批国家级非物质文化遗产名录中，浙江省入选项目共计217项。这些国家级非物质文化遗产项目，凝聚着劳动人民的聪明才智，寄托着劳动人民的情感追求，体现了劳动人民在长期生产生活实践中的文化创造，堪称浙江传统文化的结晶，中华文化的瑰宝。

在新入选国家级非物质文化遗产名录的项目中，每一项都有着重要的历史、文化、科学价值，有着典型性、代表性：

德清防风传说、临安钱王传说、杭州苏东坡传说、绍兴王羲之传说等民间文学，演绎了中华民族对于人世间真善美的理想和追求，流传广远，动人心魄，具有永恒的价值和魅力。

泰顺畲族民歌、象山渔民号子、平阳东岳观道教音乐等传统音乐，永康鼓词、象山唱新闻、杭州市苏州弹词、平阳县温州鼓词等曲艺，乡情乡音，经久难衰，散发着浓郁的故土芬芳。

泰顺碇步龙、开化香火草龙、玉环坎门花龙、瑞安藤牌舞等传统舞蹈，五常十八般武艺、缙云迎罗汉、嘉兴南湖掼牛、桐乡高杆船技等传统体育与杂技，欢腾喧闹，风貌独特，焕发着民间文化的活力和光彩。

永康醒感戏、淳安三角戏、泰顺提线木偶戏等传统戏剧，见证了浙江传统戏剧源远流长，推陈出新，缤纷优美，摇曳多姿。

越窑青瓷烧制技艺、嘉兴五芳斋粽子制作技艺、杭州雕版印刷技艺、湖州南浔辑里湖丝手工制作技艺等传统技艺，嘉兴灶头画、宁波金银彩绣、宁波泥金彩漆等传统美术，传承有序，技艺精湛，尽显浙江"百工之乡"的聪明才智，是享誉海内外的文化名片。

杭州朱养心传统膏药制作技艺、富阳张氏骨伤疗法、台州章氏骨伤疗法等传统医药，悬壶济世，利泽生民。

缙云轩辕祭典、衢州南孔祭典、遂昌班春劝农、永康方岩庙会、蒋村龙舟胜会、江南网船会等民俗，彰显民族精神，延续华夏之魂。

我省入选国家级非物质文化遗产名录项目，获得"四连冠"。这不仅是我省的荣誉，更是对我省未来非遗保护工作的一种鞭策，意味着今后我省的非遗保护任务更加繁重艰巨。

重申报更要重保护。我省实施国遗项目"八个一"保护措施，探索落地保护方式，同时加大非遗薪传力度，扩大传播途径。编撰浙江非遗代表作丛书，是其中一项重要措施。省文化厅、省财政厅决定将我省列入国家级非物质文化遗产名录的项目，一项一册编纂成书，系列出版，持续不断地推出。

这套丛书定位为普及性读物，着重反映非物质文化遗产项目的历史渊源、表现形式、代表人物、典型作品、文化价值、艺术特征和民俗风情等，发掘非遗项目的文化内涵，彰显非遗的魅力与特色。这套丛书，力求以图文并茂、通俗易懂、深入浅出的方式，把"非遗故事"讲述得再精彩些、生动些、浅显些，让读者朋友阅读更愉悦些、理解更通透些、记忆更深刻些。这套丛书，反映了浙江现有国家级非遗项目的全貌，也为浙江文化宝库增添了独特的财富。

在中华五千年的文明史上，传统文化就像一位永不疲倦的精神纤夫，牵引着历史航船破浪前行。非物质文化遗产中的某些文化因子，在今天或许已经成了明日黄花，但必定有许多文化因子具有着超越时空的生命力，直到今天仍然是我们推进历史发展的精神动力。

省委夏宝龙书记为本丛书撰写"总序"，序文的字里行间浸透着对祖国历史的珍惜，强烈的历史感和拳拳之心。他指出："我们有责任进一步保护好、传承好、弘扬好非物质文化遗产。这不仅是一种文化自觉，是对人民文化创造者的尊重，更是我们必须担当和完成好的历史使命。"言之切切的强调语气跃然纸上，见出作者对这一论断的格外执着。

非遗是活态传承的文化，我们不仅要从浙江优秀的传统文化中汲取营养，更在于对传统文化富于创意的弘扬。

非遗是生活的文化，我们不仅要保护好非物质文化表现形式，更重要的是推进非物质文化遗产融入愈加斑斓的今天，融入高歌猛进的时代。

这套丛书的叙述和阐释只是读者达到彼岸的桥梁，而它们本身并不是彼岸。我们希望更多的读者通过读书，亲近非遗，了解非遗，体验非遗，感受非遗，共享非遗。

2015年12月20日

目录

文脉，需历史的薪火相传，方有将来之日新月异。

大至国家民族，小至县域乡间，关于文化，都有属于它生息不止的特殊气质。而至于非物质文化遗产，这种特质尤为显明。当时空缩微并定格于文成时，这一显明的特质，更是焕发出具象的神光耀采。

文成，源于本地乡贤刘伯温的谥号。这位在历史上与姜太公、张良、诸葛亮齐名的帝师王佐，以立德、立功、立言之"三不朽"而名垂千古的人豪，在他身后甲子轮回近十次，至于1946年冬，一个以他谥号为名的新县，从青田、瑞安、泰顺边境析置而成。也就从那时开始，这个有着悠久历史文化的新县，便自然而然地烙上了刘伯温的印迹，乃至多年后，文成被列入国家级非物质文化遗产名录的项目——太公祭、刘伯温传说，都是以他为主体的形神伸延，尤其是太公祭，更是承载了传统价值观的文化传承。

太公祭，是刘氏宗族与地方民众为纪念先贤"太公"刘伯温举行的祭祀典礼。自明正德九年（1514）农历六月十五日刘伯温诞辰公祭始，刘氏宗族固定每年大年初一、六月十五日举行春秋二祭，绵延数百年，其间官方祭祀间有举行。

在中国传统文化传承中，祭祀有着其特殊的功用地位，于血脉生息繁衍中，先人的道德文章便会在庄重的仪式中得以不断传衍，并固化成某种制度，成为一个家族、一个地域乃至一个民族的文化基因。在这个意义上，太公祭不仅仅是某一种地缘民俗，而且对文成的地方文化，甚至更大范畴的文化大统，都有着其独特的深刻影响。

由温州大学学者林亦修、林小雯撰稿的"浙江省非物质文化遗产代表作丛书"之《文成太公祭》的出版，便是对这种文化传统的传播弘扬。在这本书中，两位学者本着治学入微的态度，对太公祭的源头因起、仪式章程、功用意义等进行了深入的研究调查，以全景化的文字图解，对太公祭进行了专业的学术梳理，无论是深度还是广度上，对于刘伯温文化研究都有着拓延的积极意义。

目前，文成县委、县政府正努力围绕文化强县战略方针，积极打造以刘伯温文化为主体的、兼有文化旅游功能的梦里山水田园，希望更多的专家学者及能人志士关注文成的文化，支持文成的发展！

文成县人民政府副县长　雷宇

2015年11月

一、祭祀空间

祭祀空间指的是太公祭祀活动举行的场所。供奉祭祀对象神位的南田刘基庙是祭祀的核心场所，南田、文成县、青田县都是太公祭的祭祀圈，此外，还包括各地的刘基庙、刘氏祠堂。

一、祭祀空间

　　祭祀空间指的是太公祭活动举行的场所。首先，供奉祭祀对象神位的南田刘基庙是祭祀的核心场所；其次，祭祀活动一般涉及整个南田地境，成为南田地方的祭祀活动，南田地域也成为祭祀空间；再次，太公祭调动从前青田县、现在文成县的主要官员、文化精英和普通民众主持或参与，成为一县官民和刘氏宗亲的共同活动，文成县和青田县都是太公祭的祭祀圈，此外，处州府城、青田县城、石门洞刘基读书处敕建有刘基庙，刘基各地裔孙自建有供奉刘基的刘氏祠堂。

　　本章根据庙域、镇域、县域三度空间介绍太公祭的祭祀空间。

[壹]刘基庙

　　太公祭是庙祭，而非墓祭。中国古代有庙祭的习惯，也有墓祭的习惯。《礼记·王制》规定的天子七庙、诸侯五庙、大夫三庙、士一庙、庶人祭于寝的制度，都是庙祭制度。先秦时期有丧葬之所"不封不树"的传统，也有"尔墓之木拱也"的记载和"守墓三年"的传统，说明墓地作为祭祀场所曾经被忽视过，也被重视过。秦汉时期陵墓建造成为风气，墓祭风气逐渐盛行，有时与庙祭并行，有时按节令与祠祭分而行之，其规模甚至超过庙祭。所谓墓祭就是在安葬先人尸骸的墓前祭祀，庙祭就是在特意为先人建筑的宫室内祭祀先人的牌位，虽然都是祭祀先人，但是代表着两种不同的观念。庙祭和墓祭的区别和争论，首先源自儒家对灵魂的看法。

季子的一句话，得到孔子的褒奖，成为后世儒家对魂魄理解的定说。季子认为，人死之后，"骨肉归复于土，命也。若魂气则无不之也，无不之也"[1]。也就是说，体魄下降，被埋葬于墓地之后，魄既死而无知；魂气有灵而上升，能与人心感应，因此要立主、建庙以祀之。儒家学者们就墓祭和庙祭展开了长期的争论，很多学者反对墓祭，提倡庙祭，认为"墓祭非古也"[2]。太公祭的庙祭制度，既满足刘基的遗愿，也符合明代的礼制。刘基在临终之际，就交代儿子对他的坟墓"不封不树"、不立石。《明会典》提倡的是品官家庙祭祀。至于墓祭为何现时仍然流行，一个原因可能与阴宅风水观念有关。

南田刘氏家族自宋室南渡至刘基已历八世。刘家有追祀刘基以上七世的传统。这一传统的形成有待考察，而刘基时刘家的祭祀规制肯定已经形成，需要我们做一些溯源性的梳理。

刘基时，刘家祭祀规制在封爵前后应该有所不同。作为元代儒

[1] 《礼记·檀弓下》。
[2] [宋]张栻：《思终堂记》，《南轩集》卷十三。

户，刘家上溯南宋时期刘延庆为南渡始祖，推崇刘光世为祖上名人，而不是以迁居南田的刘集为始迁祖，说明在家族文化的建设上，刘家已经有自己的建树和收益，这种追溯一方面可以标榜自己为中山靖王之后，另一方面可以确认其为南渡名臣家族。在元代的家族成分认定中，只有结合父子当时职业身份，才可能获得"儒户"认定。

这时南田刘氏应该已经建祠。永嘉县碧莲镇上村刘氏始迁祖刘议是刘基四世祖刘集的同宗兄弟，与南田刘氏交往密切。碧莲刘氏已经在元代至正丁未年（1367）春建祠，刘基曾题额"炎汉分流"，题联"青田与碧莲支分通脉络后汉承前汉吾宗即彼宗，礼乐光先德诗书迈古风参商居两地谱牒万年同"。南田刘氏在元代已经为地方望族，比照之下与碧莲刘氏同期建祠的可能性很大。

但封爵前的刘家宗祠也只是一般性的宗祠，只是在当时一般家族很少建祠堂的情况下，刘家因拥有宗祠而提高了声望。洪武元年（1368）十月，朱元璋封刘基上二代为永嘉郡公。封爵的意义，主要在于提升刘氏家族的祭祀地位，刘氏宗祠因此成为"品官家庙"。永嘉县碧莲镇的刘氏宗祠之后改名为永嘉郡公祠，朱元璋敕建"中山圣旨亭" [1]。这一举措或是仿照南田永嘉郡公祠的结果，因为没有理由在碧莲出现了永嘉郡公祠而南田反而没有。根据住宅之东营造祖庙的建筑格局，刘氏家庙可能建于南田镇武阳大屋基宗祠原址。

---

[1] 可能是从南田武阳复制，待考。

刘基庙正门（徐铭 摄）

但按照规制，提高品级的永嘉郡公祠只能祭刘基上二代，而作为次子的刘基有无主祭资格还有待研究。

刘基庙即诚意伯庙，是刘基祭祀场所。围绕这一场所，我们希望借由以下问题引导思路的展开：第一，自明至今，刘基庙有哪些改变，这些改变说明了什么？第二，刘基庙算是刘氏祠堂吗？它与明代中后期浙南地区兴起的姓氏宗祠有什么区别？第三，刘基庙算是明代品官家庙吗？明代品官家庙如何供奉？第四，刘基庙与地方俗神庙有何区别和联系？名人又如何演变为地方神？提出这些问题，有利于我们探讨刘基庙这一祭祀空间的实质。

　　文成县南田镇刘基庙始建于明天顺三年（1459），是座七间、三进、二回廊的合院式木构古建筑，现为第五批国家级重点文物保护单位。明李贤等撰《明一统志》卷四十四《处州府》记载："诚意伯庙，在青田县。伯乃本朝名臣刘基，天顺初命有司建庙以祀之。"这是国家级志书的记载。明时，庙几次重修，《浙江通志》卷二百五十九《艺文一》载有明人潘润撰《请重建刘诚意伯祠疏》，这是省级志书的相关记载。

　　刘基庙是由刘基七世孙刘禄奏请，明英宗朱祁镇下旨后，礼部移交浙江布政司右布政使、处州知府、青田县丞奉行，地方民众集资建造的。镶嵌于刘基庙墙体的礼部尚书姚夔《敕建诚意伯刘公祠堂记》碑，撰写于1461年11月，摘录如下：

　　　　□□大夫资治尹礼部尚书严郡姚夔撰
　　　　□□大夫资治尹礼部左侍郎余杭那干书
　　　　□□大夫刑部尚书四明隆瑜篆
　　　　上复大宝之明年，故开国翊运守正文臣资善大夫御史中丞兼弘文馆学士太子赞善大夫护军诚意伯刘先生七世孙、翰林五经博士禄，自括苍来朝，且言曰："先臣基没，垂八十年于兹，故有祠堂，毁弗克称者久之。神无栖止，祀（一作'礼'）罔攸享。臣禄荷国厚恩，叨守宗祧，敢以为请。"诏可其奏，下礼部移所在有司，营建祠堂如制。于是，浙江布政司右布政使白圭、处州知府万安、青田县县丞郭仲礼，咸奉行唯谨，佥议旧祠幽僻，用徙高亢，于神为宜。乃度地于宅之东南，维吉方，将有以规所需。邑父老闻之，奔走相告曰：先生尝有大造于吾民也！欣然相与计田、聚财输于官，得若千万缗。乃涓吉辰，鸠工简材，首隆寝堂，翼以两庑，屏以三门，斋戒有室，庖湢有舍，而又饰以黝垩，缭以周垣。制度宏深，规模轩敞，神主攸奠，焕然光辉，猗欤休哉。告成于天顺五年十二月之朔。禄诣阙谢恩毕，退而属予为之记。

……欤乎！如先生者，虽百世祀可也，况祠堂乎？是宜我皇上垂意于斯，岂惟昭崇德报功之礼又将兴起，其子孙俾得以贤其贤，亲其亲，可谓仁之至、义之尽也欤！予生也晚，忝与先生同浙水，而高山仰止之心为日久矣。敢书此于丽牲之石[1]，以白先生之心，后世欲知先生者，尚有考于斯。

大明天顺五年岁次辛巳十一月。

处州府知府马伟、通判周祺、推官马聪、青田县知县京山郭仲礼、县丞芝田[2]王纯、主簿临安陈器、典史乐平洪海立。

刘基庙属于一个以安奉刘基神主、祭拜刘基为主的独立祭祀

[1] 语出《礼记·祭义》："祭之日，君牵牲，穆答君，卿大夫序从，既入庙门，丽于碑。"丽牲之石，是指祠庙或墓前所立的石碑，古代祭祀时将所用的牲口系在石碑上。

[2] 芝田：即青田。青田县以产芝草而得名。

空间。格局完整开阔，建筑前低后高，主从分明。目前由庙侧广场和作为主体建筑的木坊、头门、仪门、正厅、追远祠五进组成，占地约三千平方米。

庙侧广场在主体建筑东首，20世纪90年代扩建，设有牌楼、门禁、水池、水桥、刘基雕像等，筑有围墙，可以容纳数千人。

木坊有左右两座，悬挂的匾额上分别书写"帝师"、"王佐"大字。现存庙外两座木坊，当是正德年间由"翊运元勋"之坊易名而来。据《刘氏族谱》记载，孝宗弘治年间（1488—1505），又在庙门外通道立木牌坊，匾曰"翊运元勋"。[1]刘基庙敕建于天顺三年（1459），"翊运元勋"木坊晚建于孝宗弘治年间，帝王已更三代，在时间上相差四十多年。正德九年（1514），武宗帝朱厚照追赠刘基为太师，赐谥文成，并称颂刘基"学为帝师，才称王佐"。而木坊易名为"帝师"、"王佐"，又在正德九年，与孝宗又隔一代。两座古木坊全系木结构，营建方式相同，各高9米多，分别建在刘基庙头门外左右两侧，使进庙道路呈直角转入。由于庙前坦地并不宽敞，且没有为拜庙者提供心理准备的沿途设施，进庙不免会产生突兀感。

上文碑记中的"屏以三门"，应该是头门、仪门和正厅门。头门门前为祭祀时"迎神于阼"的台阶，中间设有门槛，大梁上悬挂着"钦建诚意伯庙"的直式龙凤匾，两厢竖有碑石。头门与仪门之间

---

[1]　《刘氏宗谱》卷首二。1993年重刊。

刘基庙"帝师"、"王佐"坊（徐铭 摄）

的天井较小，呈长方形，有水池等设施。宋明时期建造的祠堂，一般都会在这个位置设置左右两个半月形水池，可能为仿照孔庙"泮池"[1]之作。仪门与正厅之间建左右两轩，所谓"翼以两庑"即是。

[1]　泮池又称泮宫，是位于大成门正前方的半月形水池，意即"泮宫之池"，是官学的标志。依古礼，天子太学中央有一座学宫，称为"辟雍"，四面环水，而诸侯之学只能南面泮水，故称"泮宫"。《诗经·泮水》有"思乐泮水，薄采其芹"的诗句，经常作为泮池石刻的典故。古时士子在太学，可以采摘泮池中的水芹插在帽檐上以示文才。瑞安市高楼乡保留的宋明时期吴氏宗祠也有水池，但没有写明"泮池"。可能它是祖先入过官学的标志，同时具有太极阴阳的风水观念和防火通风的实用功能。

中间为方形天井。天井是最重要的祭祀活动场所，是设天地案，序立主祭、礼生的地方，砌以条石、块石，比屋基低约半米，需拾三五级上下。正厅现无门，敞五间。从头门而入可迢视三厅两庑，顿觉古朴严谨。

正厅应该是建庙时"首隆寝堂"的地方，是全庙的主构建筑，高二十多米。中间以穿斗式营建，梁柱都是由一人合抱不过来的巨木构成，至两侧边贴，共七间。屋面飞檐如龙抢珠，檐步至屋脊，渐而举高，老青瓦屋面的正脊上有一个太极图，气氛肃然。当初的寝堂，应该说改变了明代"神主攸奠"的木主规制，塑刘基、刘琏、刘璟坐像三尊，刘基居中，长子参政公刘琏居左，次子忠节公刘璟居右。寝堂塑像始于清代，历经四次改塑。第一次的塑像，头戴冕旒，组缨贯以九珠，髯三穗，呈黑色，身穿蟒袍，手握玉如意，旁侍太监二尊。左右塑有参政、忠节二公像，厅外塑文臣武将二尊。同治元年（1862）为乱兵毁坏。1927年重塑，改刘基形象为武将，冕旒改为武盔，电目改为圆目，三髯改龙须，蟒袍仍旧，二尊太监像改为左抱《春秋》、右持宝剑的书生像。1964年将武盔改为梁冠加笼巾，蟒袍改成朝服，方脸，髯一穗蔽口而长，呈黑色。该仪像一直留存至"文化大革命"时期。20世纪80年代后第四次塑像。

正厅左前廊悬古铜钟一座，右前廊架祠鼓一口，都是祭祀时的重要乐器。

刘基庙内景（邱珍钱 摄）

　　庙内多明、清、民国及当代名人的书题，明正德皇帝，清乾隆大学士刘权之，民国于右任、章太炎、蔡元培、林森、居正，当代苏渊雷、沙孟海、裴昌会等都题有匾额、楹联，是明代祠庙中名人书题保存最完好且数量最多的场所之一。

　　明正德皇帝御题[1]：

占事考祥，明有征验，开国文臣第一

[1]　御题为今人方介堪（1901—1997）篆。方介堪，温州市人，篆刻家，曾任西泠印社副社长。对联词句萃集自正德皇帝《追赠太师谥文成诰》，原联是否为皇帝亲题无考。

运筹画计，动中机宜，渡江策士无双

清康熙甲申岁（1704）孟春月芝田令四川遂宁人郑新命题：

间气[1]伟人

清康熙五十一年（1712）仲春中宪大夫处州知府辽海刘起龙题：

莘渭[2]遗风

清康熙青田知县山西长治监生张皇辅题：

读尼父二百四十春秋，占天子气于金陵；虎之略，龙之韬，视叶琛章溢宋濂独属奇才，不减关山夫子

定禹州三万六千山水，简上帝心于燕翼；电作旗，雷作鼓，较沐

---

[1] 间气：亦作"闲气"。旧谓英雄伟人，上应星象，禀天地特殊之气，间世而出，故称。《太平御览》卷三六〇引《春秋孔演图》："正气为帝，间气为臣，宫商为姓，秀气为人。"宋均注："间气则不苞一行，各受一星以生。"

[2] 莘渭：指代商朝贤相伊尹和周朝吕尚。伊尹于夏桀时曾退耕于有莘之野，吕尚闻达前曾垂钓于渭水。

英花云徐达尤为豪士，依然诸葛先生

乾隆进士、体仁阁大学士长沙刘权之撰联：

开国文臣第一
渡江策士无双

原国民政府主席林森撰联：

出处进退与任圣冥符，运会起风云，旷代勋华民族史
事业文章有姚江继武，桑梓崇俎豆，千秋祠宇括苍山

原国民政府监察院长于右任题匾：

先知先觉

"先知先觉"匾（徐铭 摄）

国民党元老居正撰联：

> 择主建殊勋，看出处攸关，值与子房同际遇
> 隐居求素志，论春秋大义，远追元晦溯渊源

民国政要方觉慧撰联：

> 功媲留侯，乱世风云成帝业
> 才侔诸葛，宗臣遗像肃清高

教育家蔡元培撰联：

> 时势造英雄，帷幄奇谋，功冠有明一代
> 庙堂馨俎豆，枌榆故里，群瞻遗像千秋

思想家章太炎旧题、书法家沙孟海书题匾：

> 千秋景仰

此外还有"奇勋绝学"、"高山仰止"、"万古云霄"、"古之名世"、

"通天地人"、"簪笏流芳"等不少联匾。今存诚意伯庙匾额、楹联题刻五十二幅，其中明代三幅，清代十九幅，民国时期十三幅，新中国成立后十七幅。

刘基庙各个建筑空间中，以供奉刘基像的正厅最为重要与尊贵，建筑艺术精湛，处处可见精美的雕饰以及充满文化雅趣的楹联壁书。

刘基庙后进为追远祠，供奉刘基上七代祖考牌位。追远祠地基高出正厅2.7米，很有庙中之庙的格局，一因自然地势，二因"追远"之意。刘氏祖籍丰沛，后迁徙到鄜延。南宋时刘光世带兵追随宋高宗南渡，定居临安，以他的父亲刘延庆为始迁祖。这样就确定了刘基上七代的世系图。

第一世：刘延庆，始迁祖，宋宣抚都统少保。

第二世：刘光世，定居临安（今杭州），宋兵马总管。

第三世：刘尧仁，迁居丽水竹洲，处士。

第四世：刘集，卜居青田武阳，即现在的刘基故里，成为南田始基祖。

第五世：刘濠，宋翰林掌书。

第六世：刘廷槐，太学上舍，刘基祖父。

第七世：刘爚，元遂昌县教谕，刘基父亲。

明隆庆元年（1567）二月望日，赐进士出身，资政大夫、前奉敕

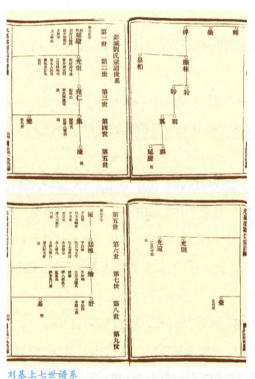

刘基上七世谱系

参赞机务、南京兵部尚书,四明人张时彻撰写的《明开国翊运守正文臣资善大夫赠太师谥文成护军诚意伯刘公神道碑铭》记载:

文成刘公,其先丰沛人也,后徙郿延,名延庆者,宋宣抚都统少保。厥子光世,以平方腊功,为兵马总管,高宗南渡,部兵以从,累官开府仪同三司、录尚书事,进太师、杨国公,因家临安。子尧仁,过丽水而乐之，遂徙其邑之竹洲。四传至集，又卜居青田之武阳，去县治者百五十里，世所称南田福地也。俗尚俭朴，有唐风之遗焉。遂世定厥居，兢兢于仁义之训。

五传而至濂，宋翰林掌书……

濂生廷槐，博洽坟籍，为太学上舍；槐生爌，通经术，元遂昌教谕，是为公祖、公父。

清代南田刘基庙还历经了乾隆三十年（1765）、道光十三年（1833）、咸丰年间（1851—1861）的三次重修，具体的变化不见记载。民国16年（1927），刘基庙在刘耀东的主持下再次重修，有比较大的改变：首先是将原先建在左侧的追远祠移到庙后，其次是增加了大量的名人楹联匾额。

明代品官家庙的建制和实践，有一个逐渐演变的过程。明朝"国初品官庙制未定，《大明集礼》权仿宋儒家礼祠堂之制，奉高、曾、祖、祢四世之主"。万历年间祠堂制度规定："祠堂三间，外为中门，中门外为两阶，皆三级。东曰阼阶，西曰西阶。阶下随地广狭，以屋覆之，令可容家众序立。又为遗书衣物、祭器库及神厨于其东，缭以周垣，别为外门，常加扃闭。祠堂之内，以近北一架为四龛，每龛内置一桌，高祖居西，曾祖次之，祖次之，父次之。神主皆藏于椟中，置于桌上，南面。龛外各垂小帘，帘外设香桌于堂中，置香炉、香盒于其上，两阶之间，又设香桌亦如之。"[1]与《明会典》的规定相较，刘基庙的建制规模、供奉方式、功能使用都有很大的不同。首先是建制规模，从三间拓展为七间。我们没有明确的品官家庙拓展记载，但参考明代王国庙制，这种拓展在明代中后期就已经开始。根据吴恩荣、赵克生的研究，明洪武三年（1370）分封同姓诸王，王国庙制为仅立一庙，庙内有寝殿、前殿各五间，到了万历年间《王国典礼》拓展为"正庙七间"。[2]可见七间庙制在明代中后期随着王族和世家的世代延续已经根据实际需要被官方认可。明代中后期浙南地区祠堂、家庙的修建日益增多，但一般还是由士大夫出资倡议建成，选址不一定在正寝之东。永嘉英桥王澈（1473—1551）官至福建布政司左参议，嘉靖十三年（1534）建王氏宗祠，"于始祖万十一公墓右建宗祠"[3]。王氏宗祠"中堂凡三楹，旁有两厅，左右廊庑环列，以为会馂食之所，约可容千人"，祠外有仪门、石坊。[4]进士项乔（1493—1552）嘉靖十八年（1539）建永嘉七甲项氏祠堂，有中堂正间、东正室、西正室、东旁室、西旁室共五间。[5]刘基庙的正殿七间之制有可

[1]　[明]《明会典》卷九十五，万历朝重修本，中华书局1989年版，第539页。

[2]　吴恩荣、赵克生：《明代王国庙制的演进及礼制特点》，《江海学刊》2014年第5期，第162页。

[3]　[明]王叔果：《王叔果集》，蔡克骄点校，黄山书社2009年版，第355页。

[4]　[明]王叔果：《王叔果集》，蔡克骄点校，黄山书社2009年版，第444页。

[5]　[明]项乔：《项乔集》，方长山、魏得良点校，上海社会科学出版社2006年版，第539页。

能在明代中后期就已经存在。

其次，是供奉对象和供奉形式的演变。张璁"一品家庙"奉宋乾道年间自福建赤岸迁至永嘉的张敬宗为始迁祖，到张璁已传六世。上文提到的王氏祠堂首奉始祖万十一公，项氏祠堂"中堂列始祖文三府君"。项乔在《初立祠堂记》中写道："古人一饮食，必祭先代始为之者，新立祠不及始祖，于情何安？"[1]项、王二祠供奉的始祖是指肇基祖，而非姓氏始祖或南迁始祖。刘基庙供奉的始祖是中原南迁江南的始祖，而非定居南田的肇基祖。诚意伯庙主祀诚意伯刘基，这一点始终未变，配祀刘琏和刘璟，这一点也未变。刘基追远上七代，与朱熹《家礼》规定的高曾祖祢四代之祀不符，恐怕是清代的变制。刘貊在明正统十四年（1449）二月仲春致祭的对象为"高祖考赐封永嘉郡公"[2]，而不是上七祖，说明明代刘氏祭祀还是按照封号致祭的，没有推行祧袝之制，也与明代的其他家庙宗祠供奉方式有异。在排位上，不是推行朱熹《家礼》中的神龛"以西为尊"的制度，而是采取明代太庙和宗教庙宇供奉的"居中为尊"的制度。在象征符号的使用上，由明清时期的木主崇拜，逐渐转为清朝中后期以来的塑像崇拜。在一切宗教仪式中，图像是不可缺失的载体。

[1]　[明]项乔：《项乔集》，方长山、魏得良点校，上海社会科学出版社2006年版，第539页。

[2]　[明]刘貊：《先人舍拨寺观田租示诸子书》，正统十四年二月书。见民国刘耀东编《南田山志》，文成县政协学习文史委《文成文史资料》第二十一辑，2008年版，第177页。

人们思念的祖宗和圣贤都曾经是现实世界存在过的自然秩序,后来进入了历史秩序,与其他宗教神灵的想象性相异。因此宗祠一般都珍藏祖先的画像,凭吊者习惯作《像赞》祭祖。《像赞》是中国家族传统的祖先纪念册。刘璟和许多官员、文士就写过刘基《像赞》。刘璟为刘基画像撰《伯温公像赞》云:"虬髯电目探天根兮,斡地轴,扶龙兴云,四方以肃。以生民休戚为忧喜,以大道明晦为荣辱,武功既成而文治不尽其用者,盖天也耶,抑人也耶!"[1]祭祖时也往往挂出真容图。南戏《荆钗记》里就有这样的情节,保留了宋时人们祭祀祖先的方式。但是儒教强调在家庙、圣贤庙宇中,只立祖宗、圣贤神位牌,不挂、不塑神像。南田刘基庙的神位牌,是由礼部直接制作、送达的,说明王朝礼制对牌位的重视。儒教"书名不像"的原因比较复杂。儒教的祭祀对象是一个具体的对象,是与设祭者有特殊关系的对象,不是人人可祭的对象,是不可替代的独一无二的"感格"祭祀。这种祭祀目的在于以存思的方式,创造祭祀者纯粹的心灵境界,感通祖宗、圣贤的精神。所以《礼记·祭义》云"思其笑语,思其志意,思其所乐,思其所嗜",点明以"思"的方式通达祭祀对象。面向神位牌的祭祀,"这就使得人在专诚致祭时,除以名字凝聚诚敬之心外,更没有其他的具体意象影响干扰人的精神,更能够达到精

---

[1] [明]刘璟:《明文成公诚意伯伯温像赞》,见《刘氏宗谱》卷首一,1993年重刊。

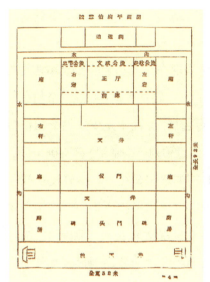 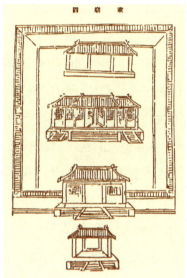

刘基庙平面图与品官家庙图比较

神上的专心一致"[1]。非刘氏成员习惯称诚意伯庙为国师殿。对一个祭祀场所的称呼,祠、庙、殿、宫本来就代表着不同的供奉和信仰理念。刘基庙的塑像虽然与村庙神像的塑法和陈设有所差异,如缺少符使、判官等配置,但是我们还是把它当作俗神化的一个标志。正是俗神崇拜心理和宗族血缘关系,维系和不断扩大了南田刘基的祭祀传统。青田刘基祠和丽水刘基祠的无以为继,原因就在于缺少上述两个条件。许多历史名人奉祭的流失或者盛行,都可以从这两

[1] 何仁富:《唐君毅论儒家"三祭"的宗教价值》,《四川大学学报(哲学社会科学版)》2009年第3期,第64页。

个条件去考察。刘基供奉的俗神化正在逐步改变刘基祭祀的性质，而这种改变增强了信仰的力量。

第三，场所功能安排的演变，表现在正殿功能的变迁和其他功能的丧失。建庙之际的正厅为"寝堂"，寝堂应该是按照"祭如在"的生活情境布置的，应该有门、有起居室，而不是仅仅供奉祖神塑像，这是很大的差异。姚夔《敕建诚意伯刘公祠堂记》碑明确记载："斋戒有室，庖湢有舍。"民国时期刘耀东又在左右两轩设功德神位，奉祀清同治以来为修庙造谱等宗族事务捐资捐田产的宗亲族裔，并为太公祭作《左轩祝文》、《右轩祝文》，说明直到晚清民国时期还存在的遗书遗衣所、摆放祧主和祔主的夹室、宰牲所、盥洗所、神厨、配祀神龛、斋戒室等功能区现在都已经不复存在了，尤其是夹室和神厨的消失，给家祭的系统性和祭品的圣洁性带来影响。

从保护文化遗产的角度看，刘基庙作为祭祀场所的演变，如从以牌位为中心到以塑像为中心的变化，反映了信仰心理的变化，是有研究价值的，值得如实保护；而庙宇许多功能区的丧失，是可以恢复的，应该展示历史的本真。

除了南田诚意伯庙之外，不同时期各地还有许多刘基祭祀场所，附列于下。

北京明朝太庙。嘉靖十年（1531）列刘基入功臣殿，供奉"开国翊运守正文臣资善大夫赠太师谥文成护军诚意伯"牌位。

开封市中山武宁王祠。根据《如梦录》记载，明朝汴梁（今开封市）南薰门外校场西"有中山武宁王祠，祀徐达、常遇春、李善长、沐英、刘基、冯胜、汤和、胡大海、邓愈、李文忠"。[1]中山武宁王祠在五代后周兴建的天清寺内，明代开国名将徐达死后追封中山王，谥武宁，中山武宁王祠应该是主祀徐达的祠庙。

丽水市富山刘文成公祠

青田县城刘文成公祠

青田县石门洞刘文成公祠

青田县林坑村刘文成公祠

遂昌县刘坞村刘文成公祠

松阳县小槎刘文成公祠

文成县南田刘琏祠堂

文成县南田刘璟祠堂

文成县珊溪刘氏祠堂

文成县李井村刘氏祠堂

文成县石坟洋村刘文成公祠

温州市鹿城区金堡村刘文成公祠

温州市瓯海区藤桥镇刘文成公祠

温州市瓯海区穗丰村刘文成公祠

---

[1]　[明]无名氏：《如梦录》，孔宪易校注，中州古籍出版社1984年版，第74页。

温州市瓯海区大堡底村刘文成公祠

温州市龙湾区白水村刘文成公祠

温州市龙湾区四甲村刘文成公祠

瑞安市鲍田六村刘文成公祠

瑞安市海安村刘文成公祠

瑞安市平阳坑村刘文成公祠

苍南县莒溪刘文成公祠堂

平阳县宋桥刘文成公祠

平阳县梅源万安刘文成公祠

乐清市大港村刘文成公祠

武义县俞源村刘伯温草堂

福建莆田市平湖镇玉库村刘文成公祠

江西赣州南康区东山村刘文成公祠

以上祭祀场所历史悠久，有些被列为国家、省、市、县级文物保护单位。

[贰]南田

刘基与南田结下因缘，是因为丽阳神给刘集所托的一个梦。相传当时居住在丽水的刘基四世祖刘集想卜地迁居，祈告于丽阳神。丽阳神是丽水地区重要的地方俗神，当夜托梦刘集：有一人举着羊头起舞[1]。刘集便缘梦卜地，一天来到青田县南田五仙冈前，雾

---

[1]　另一种传说为：有五只羊在山谷。

南田镇武阳村（刘育贵 摄）

气升腾之中果见梦中景象，就迁居于此。[1]《刘氏宗谱》记载如下：
"四世祖讳集，原住竹洲，因祈梦于丽阳神庙，梦一人在青草田中
手执羊头而舞，时未解。厥后过青田，从小溪逆上，登峻岭至武阳，
见峰峦围绕，颇有奇趣，问乡人曰：此地何名？答曰武阳也。遂定厥
居焉。"[2]在浙南地区的很多宗谱中，都可以看到"卜地而居"的记
载，刘集迁居，也是众多此类记载中的一例。这个地方原来的名称
叫"雾垟"，即是经常云雾笼罩的田地。温州人把山间或水边可以耕

---

[1]　郝兆矩《诚意伯故里亭记》："宋武僖王刘光世子尧仁自临安徙居丽水竹洲，尧
仁子集欲卜迁，祷于丽阳山神，梦见执羊头而舞者，旋游南田山，上岭至一处问
地名，或告曰武阳，恍然悟梦有示舞羊，遂自竹洲徙于此。"1994年撰。见《刘基
宗谱》卷首二，1993年重刊。
[2]　《彭城郡世系》，见《刘氏宗谱》卷首一，1993年重刊。

种的平坦地块叫作"垟"，至今还有很多带"垟"的地名，后来雅化为"武阳"。

道教认为世间有三十六洞天、七十二福地，南田被列为天下七十二之第六福地。《云笈七签》载，南田为"天下第六福地"。《太平环宇记》云："七十二福地南田居其一，万山深处忽辟平畴，高旷绝尘，风景如画，桃源世外无多让焉。"

南田镇位于文成县西北部，洞宫山南麓，飞云江流域和瓯江流域的衔接地带，距文成县城34千米，平均海拔650米左右，总面积162平方千米，辖31个行政村，总人口3.22万人[1]。南田因地处高山平台之上，土地平坦广阔，良田肥沃成片而得名。特殊的地理环境、高覆盖率的地表植被形成了独特的高山气候，四季分明、雨量充沛，年平均气温约15℃，即使在七八月酷暑时期，南田最高气温也只在30℃左右，成为城市人十分向往的天然氧吧和极具特色的避暑胜地。

南田曾为南田乡。根据民国《南田山志》[2]记载，南田乡，乡由山得名，居全山之最中，世称此为南田乡，亦曰南田市。刘基仲子刘璟、孙刘廌自武阳迁居此。南田村包括以下各村。

南境五村：张坳村，元徐忠勇裔聚族于此；店岭村，陈姓旧居；散滩村，刘基八世孙刘养由旧宅迁居此；高村，宋蒋中丞裔自县城迁

---

[1] 根据2005年人口统计数据。

[2] [民国]刘耀东：《南田山志》卷二，见文成县政协学习文史委《文成文史资料》第二十一辑，2008年版，第10—18页。

南田鸟瞰（雷忠义 摄）

居此，后他徙，多刘姓；篁庄，居人多刘、吴、王三姓。

北境四村：梅渚村，明代为李姓旧居，清顺治间刘尚盈迁居此；武阳村，宋刘集居此，为刘基故里；岭根村，有渡，刘璟造；麟溪村，亦名林坑，刘基五世孙刘式秠居此。

东境六村：梁墺村，宋初梁晋自丽水徙居此；龙上村，宋元之世居人为倪姓，后他徙，董、林二姓入居；马堡村，蒋中丞继周裔宋季居此；云山村，宋太守杨豪裔聚族于此；莘庄村，居人多夏、朱二姓；鳌头村，居人多黄姓。

西境五村：横山村，刘基七世孙刘武迁居此；西陵村，刘貊之裔散居此；蒲源村，富弼七世孙富采宋季迁居此；浯溪村，富弼八世孙富应高宋季迁居溪岸；西里，宋时叶氏和明季叶氏定居。

南田镇刘氏宗族人口占全镇总人口的51.1%。《南田山志》记南田一乡20村，与现在的31个行政村有出入，主要是境域区划和行政村区划有差异，介绍南田村落的目的在于提供山居概貌，不深入追究区划。

南田旧属青田县九都，地处浙南高山之上，崇山峻岭，山峰连云，有"九都九条岭，条条通天顶"的谚语。《南田山志》记载九岭如下。

南田乡北行之道三：

一自辞岭，经大水桥西、漈坑阳，过枫树岭，至武阳，凡十里。稍东五里过观绕岭，五里至鹤口岭头，下岭五里至会峰寺，又五里至岭根。此为出山首要通道。

一北行五里至梅渚村，折西过同罗岭，五里至岩山，又五里至库头，又十里至旺山。

一自梅渚村北行五里至半坑圩岭，又十五里至麟溪村。

南行之道二：

一自南田乡东南行五里至店岭，又五里至三源，又五里至枫塘，又五里至篁庄，又五里至奥坑。

一自南田乡南行二里至张坳，又三里至散滩，稍西五里至高村，又十里至西里。

东行之道二：

一自南田乡前塘东北行五里至上村，又五里至上段，下岭五里至万阜，经双坑口十里至石梯岭头，下岭经车阳至万阜口，凡十五里。

一自龙上村东北行过龙坳岭，五里至柘阳村，经云山村至赤岩阳，凡十五里。五里到茅降岭头，下岭十里至万阜口。

西行之道三：

一自南田乡泉谷，过横山五里，至西峡岭，下岭五里至蒲源，又五里至浯溪。

一西行五里至库坑岭头，下岭五里至库坑，过桥五里至万仞尖，十里至上金村，稍北十里为大龙源。

一西行经横山下募堂岭，五里至西陵，经降龙庵至浯溪，凡二十里。

朱元璋称南田："乡里地壤幽遐，山溪深僻。"认为刘家"居勍敌之陲，迩山贼之寨"[1]。从统治者的角度看，这是一个难以治理的地方。著名诗人陈祗时的《南乡子·南田》描述了高山平原的自然风光和田园生活，词云："九岭托平畴，天半青峰白水流。佳境不教朱帝识，悠悠，慨把文成说起头。生活羡优由，耕读传家岁月稠。畜肉园蔬红米饭，花楼，家酿觞边听雨鸠。"《武阳天葬坟记》指出了其地理位置的重要性："四围皆山，千峰叠翠，如城如画，古称南田福

---

[1]　[明]朱元璋：《袭封诚意伯诰券》。见《刘氏宗谱》卷首二，1993年重刊。另见《诚意伯刘先生文集》之《翊运集》，中国文史出版社2011年版，第9页。

文成县地图

地。路达闽瓯，九岭皆下，真通衢要区。"[1]康熙年间朱天觉描述其
宜人的气候和肥沃的土地："南田刘氏文成公之裔，世居南田，处万
山之中，冬有积雪，夏无酷暑，怪石奇峰环绕于外，平原旷野沃润其
中，古称福地也。"[2]端木国瑚则写出了一位初游者的旅游观感和审

---

[1]　周永源：《武阳天葬坟记》。见《刘氏宗谱》卷首二，1993年重刊。

[2]　[清]朱天觉：《重修南田刘氏宗谱序》，康熙三十七年（1698）撰。见《刘氏宗谱》
　　　卷首一，1993年重刊。

美愉悦："南田，刘文成公故里也，背大溪环小溪而入，踞万山斗峭之上，予始造其迻，一壑录云，千岩注瀑。予疑其上未必有也，而怪造物者之生是伟人，何其僻欤! 迨其巅，山平水曲，树近村遥，桑麻映蔚，鸡犬萧闲，历历间数百家，然后叹造物之生非偶，而南阳、武陵两在斯矣。"[1]

　　相对独立的地理单位，宜居的自然条件，符合传统风水观念的地理形势，具有相同社会背景的定居群体和血缘姻缘关系，有利于地域空间内的人们形成共同体和加强凝聚力。南田在这方面的特质，比任何地方都表现得更为突出。

[叁]地方社会

　　文成建县于1946年，系从青田县、泰顺县、瑞安县分析部分区域后组建而成，南田原属青田县。文成县位于浙江省南部山区，温州市西南部，飞云江中上游，东经119° 46'—120° 15'，北纬27° 34'—27° 59'。全县东接瑞安市，南临平阳县、苍南县，西南倚泰顺县、景宁县，北界青田县。县城距省会杭州市274千米，距温州市区62千米，总面积1293.24平方千米，常住人口21.21万人[2]。地势自西北向东南倾斜，山地面积占全县总面积的82.5%，山脉分属两支，以飞云江为界，江北属南田山脉，为洞宫山脉分支，江南为南雁荡山脉分支，

[1]　[清]端木国瑚：《南田刘氏宗谱序》，嘉庆四年（1799）撰。见《刘氏宗谱》卷首一，1993年重刊。

[2]　根据2010年人口普查统计。

云来门

从平阳县进入文成县,东入瑞安市。山顶上有平台,为典型的山地地貌,素有"八山一水一分田"之称。

　　唐末五代时期,文成一带的浙闽山区迎来了一批避乱的世家大族,由此进入了开发期。唐代诗人顾况是唐末浙南山区开发的见证人,他在《莽墟赋》里描绘了这里潨瀑横流的桃源世界。浙闽边地"唐以前僻在荒服中,多老林,供郡国材用而已,实闽栝间瓯脱也。至唐,始有山民烧畲辟壤,渐兴赋役。及唐末之乱,赋繁役重,民不堪命,流亡入山者愈多,则百落千村皆武陵之桃源矣。时藩镇纵衡,强辟朝官为佐,于是闽越有志之士携家入山,请于刺史,烈山导泉,垦田均赋,定界立户。"[1]宋明时期,闽越山区一带为乡豪世界,受矿冶、私盐、伐木等产业的影响,社会动荡不安。宋亡,有一位叫林融的乡豪征聚义旅,兴复宋室。元政府讨平后,派驿使登记胁从人员名单,以便一网打尽。"而乡豪因以仇怨相倾引",簿录名单达两万多人,"盖善良鲜有脱者"[2]。乡豪私怨嫁接政治斗争往往酿成巨大的社会事件,接壤的闽东地区,乡豪林天成率领的赤岸十八境义社和袁天禄率领的柘洋十三境义社由合而分,长期杀伐,终究铸成"赤岸桥头诛九族"的惨剧。

宋元时期浙南闽东的乡豪社会,给刘基的成长和命运带来很大的影响。乡豪社会培养了刘基的政治能力,也影响了他的政治地位。南田刘氏正是在这样的社会环境中,建立了地方武装,与方国珍、吴成七、处州苗军等割据势力相抗衡。

南田在元明时期是一个在军事上和交通上具有重要意义的地方。南田作为一个高山平原,具有扼海镇山的作用。它可以抵御海上的方国珍割据势力和山上的苗军、矿贼,也可以切断私盐贩子的通道,同时是避难隐居的好地方,至今流传着以鱼灯形式保存的军阵操演活动。至正十四年(1354)因红巾军由闽北入浙,吴成七在黄坦

---

[1] 《中国地方志集成·浙江府县志辑》,上海书店1993年版,第797页。

[2] [明]张时彻:《明开国翊运守正文臣资善大夫赠太师文成护军诚意伯刘公神道碑铭》。

金山寨旧址（刘育贵 摄）

（今文成境内）自号为"吴王"起义，出击青田县城，建闽浙地区百余寨。十六年（1356）二月浙江行省重新起用刘基为都事，对抗处州一带的山寇吴成七，授权刘基"使自募义兵"。刘氏家族在南田拥有"义兵"等武装力量，与龙泉章溢、丽水叶琛等相联络，"贼拒命不服者，辄擒诛之，略定其地"。由此可见，刘基是在官方的许可下，运用自己组织的武装力量对抗山贼、海盗。但刘基平讨方国珍有劳无功，于是弃官归里，还有一批追随者留下。"时义从者俱畏方氏残虐，遂从公居青田山中。"至正十九年（1359）刘基继续利用这支武装力量抗击方国珍部的侵扰。至正二十年（1360）刘基决计投靠朱元璋时的状况是"众疑未决"、"或请以兵从"。刘基认为辅佐朱元璋不用带部队去，"乃悉以众付其弟陛，俾家人叶性、朱佑等参掌之"，要求他们"善守境土，毋为方氏所得也"。[1]可见刘氏家兵有足以保全地方的能力。曾经有人建议刘基以此起兵树旗，但刘基不愿成为陈友谅、方国珍之流的人物。至正二十二年（1362）三月七日，处州苗军响应金华苗军叛变，杀死守将耿再成和总制孙炎等。朱元璋命平章邵荣攻打处州。刘基回乡奔母亲富氏丧，协助邵荣夺回了处州，也在一定程度上利用了这支力量。至正二十五年（1365），方国珍趁刘基在应天（今南京）时率兵攻打青田，被刘基的长子刘琏率地方自卫军击退。吴从善描写刘基出山后刘琏所处的环境为："南田左右，故草窃根据，啸聚不以时忌。中丞任事，将禽狝之，乃伪为服属，而图肆毒螫于阴。孟藻（刘琏字）潜觉焉，抚其豪酋，结以忠义，或委以利，或惕以威，或劫制其要害，咸就规束，莫敢蠢……由是山谷无问远迩，贤不肖，惟孟藻是附。"[2] "于时永嘉为方氏所据，乡之群无赖子煽于方氏，将相挺为变，孟藻出其不意，先其未发，一夕扑灭之，无得脱者，而合境遂以奠枕，其年才十八耳。"[3]

[1]　《故诚意伯刘公行状》。

[2]　[明]吴从善：《故参政刘君孟藻哀辞》。见刘琏《自怡集》附录，《四库全书·集部六》。

[3]　[明]苏伯衡：《故参政刘公墓碑铭》，洪武十二年（1379）撰。见《刘氏宗谱》卷首二，1993年重刊。

洪武元年（1368）朱元璋把对刘基和南田的倚重表述为"无南顾之忧"："且栝苍为卿乡里，地壤幽遐，山溪深僻，承平之世，民犹据险，方当兵起，乘时纷纭。原其投戈向化，帖然宁谧，使朕无南顾之忧者，乃卿之嘉谟也。"[1]台州方国珍以贩盐起家，由盐枭而割据一方。洪武六年（1373）告老还乡的刘基考虑到谈洋在交通上的重要地位，周广山又在附近起兵叛乱，建议设置巡检司。"初瓯栝之间，有地曰谈洋，负阴而远，又界于闽，无赖倚为窟，以私贩负军戍，徒

位于文成县百丈漈镇谈洋村的谈阳巡检司遗址

---

[1]　[明]朱元璋：《授御史中丞诰》，洪武元年（1368）三月制。见《刘氏宗谱》卷首二，1993年重刊。

役逋逃，不啬渊薮。"[1]这一方案成为朝中和地方官员联合诬告他的罪证，由"谈洋地有王气"的谣言酿成"谈洋案"，功成身退的刘基被乡豪以土地私有起诉，遭夺俸、入朝谢罪的处置，得病而死。嘉靖十年（1531）[2]经礼部和吏部调查，谈洋终于设立巡检司，编制一百二十五人。地方社会的势力斗争，总是在国家政治形势的大环境中摇摆。

---

[1]　[明]苏伯衡：《故参政刘公墓碑铭》，洪武十二年（1379）撰。见《刘氏宗谱》卷首二，1993年重刊。

[2]　刘耀东《南田山志》记载为嘉靖十五年。

得文藝坡記攷在八番在

　疏寫本郎上

業寓政正

之

二、太公神刘伯温

太公神信仰是民众对刘基的神明化供奉、祭祀和朝拜。太公神信仰不仅把刘基这一人物传说化，而且把刘基神明化，使其不仅成为刘氏宗亲的祭祀对象，而且成为地方民众跨越宗族的信奉对象。

二、太公神刘伯温

[壹]刘基生平

刘基（1311—1375），字伯温，浙江省文成县南田乡人，杰出的军事谋略家、政治家、文学家和思想家，明朝开国元勋。明洪武三年（1370）封诚意伯，武宗正德九年（1514）追赠太师，谥号文成。刘基通经史、晓天文、精兵法，辅佐朱元璋完成帝业、开创明朝并尽力保持国家的安定，因而驰名天下，被后人比作张良、诸葛亮，在文学史上与宋濂、高启并称"明初诗文三大家"。

刘基好学敏求，聪慧过人。元泰定元年（1324），十四岁的刘基入郡庠（即府学）读书，习春秋经默读两遍便能背诵如流，发微阐幽，言前人所未言。泰定四年（1327），刘基十七岁，师从处州名士郑复初学程朱理学。郑复初在一次家访中对刘基的父亲赞扬说："您的祖先积德深厚，庇荫了后代子孙；这个孩子如此出众，将来一定能光大你家的门楣。"刘基博览群书，诸子百家无一不窥，尤其对天文地理、兵法数术更有特殊爱好，潜心钻研揣摩，十分精通。据传刘基探访徽州，得歙县覆船山《六甲天书》，并结识了一批明教圣者，学就和掌握了丰富的奇门斗数知识。

刘基二十二岁到杭州乡试成功，第二年到北京考取进士，考试文章《春秋义》、《龙虎台赋》所体现出来的文才，被认为是"魏徵者流"。

刘基在元朝宦海沉浮二十五年，经历了四起四落。考取进士三年后，二十六岁的刘基出任江西高安县县丞（正八品），写《官箴》自律："字民奚先，字之以慈。""疾病颠连，我扶我持。""弱不可凌，愚不可欺。""刚不可畏，媚不可随。"立德为先的廉直官员在元代官场并无立足之地，很快刘基就因重审人命案而被调到南昌行，在衙门当一名普通办事员"掾史"。刘基辞职还乡，这是他的第一次官场起落。至正三年（1343），刘基出任浙江儒学副提举，因弹劾监察御史、得罪御史台而罢官，到丹徒蛟溪书屋教授村里的子弟读书，过了约两年的半隐居生活，又在杭州居住四年，此为第二次官场起落。至正十二年（1352）徐寿辉攻陷杭州，在杭州被攻陷前，刘基带家人回到故乡。不久，朝廷起用他为江浙省元帅府都事，从七品，主要任务是平定浙东方国珍等盗贼。刘基力主征讨，反对招安，拒绝方氏贿赂，被羁管于绍兴，这是第三次起落。为了对抗闽浙边地的吴成七势力，至正十六年（1356）三月，刘基恢复行省都事之职，回处州自募义兵协助石抹宜孙平定山寇，升为行枢密院经历，从五品。至正十八年（1358）冬剿灭吴成七，刘基却被无故降回原职，愤而辞官归里，这是第四次起落。

刘基像（徐铭 摄）

至正二十年（1360），刘基被朱元璋请至应天（今南京），任谋臣，参与军机八年，筹划全局，展现了一个非常优秀的兵法家的才能。刘基针对当时形势，提出避免两线作战、各个击破的策略，辅佐朱元璋集中兵力先后灭陈友谅、张士诚等势力。刘基建议朱元璋脱离"小明王"韩林儿自立势力，以"大明"为国号招揽天下义师。至正二十五年（1365），朱元璋封刘基为太史令，掌管历法、观察天象星辰和风云的变化、预测未来大事。至正二十七年（1367），刘基参与制订朱元璋的灭元方略，被任命为御史中丞，正二品。明洪武三年（1370），为嘉勉刘基的功荣，授命刘基为弘文馆学士。十一月朱元璋大封功臣，欲封刘基为丞相，刘基一再推托而作罢，第二年告老还乡。后来朱元璋封他为开国翊运守正文臣、资善大夫、上护军，并封为诚意伯。

洪武八年（1375）五月六日，刘基因病卒于故里，享年六十五岁。

正德八年（1513），明武宗追赠刘基为太师，谥号文成。嘉靖十年（1531），因刑部郎中李瑜的建言，朝廷再度讨论刘基的功绩，并决议刘基和徐达等开国功臣一样，配享太庙。

刘基从五十岁再次出山到六十五岁去世，总共有十五年的时间。这十五年中，尤其是前八年里，刘基表现出了"通天地人"的才能，协助朱元璋完成了江山的统一和建国方略的拟定，成为"一代人豪"。

"其功不置"是刘基功赏的特点。虽然朱元璋称刘基为"老先生"、"我的子房"，但给的官爵和俸禄并不高，资善大夫、太子赞善大夫、弘文馆学士都是荣誉、虚职。洪武三年（1370）十一月二十九日，朱元璋大封功臣，设置了公爵六位，分封李善长为韩国公、徐达为魏国公、常遇春为郑国公、李文忠为曹国公、邓愈为卫国公、冯胜为宋国公，名单里没有刘基；设置侯爵二十八位，被分封的依然是他的淮西兄弟。一个月后，朱元璋才加封两位伯爵，一位是中书右丞汪广洋，封为忠勤伯，食禄三百六十石；另一位是御史中丞刘基，封为诚意伯，食禄二百四十石。而公爵的食禄是四千石。在"其功不置"的背后，体现出君臣之间阴阳虚实的复杂关系。

刘基的成功在于：第一，有高尚的品德，具有榜样价值，越到后来，人们越觉得需要以他为典范，教育后人，是为"立德"；第二，地位很高的诸葛亮也只是辅助刘备"三分天下"有其一，而刘基则辅助朱元璋统一全国，人们比较二人的功业，常用"三分天下诸葛亮，一统江山刘伯温"来概括，更加突出了刘基的才能，是为"立功"；第三，刘基与张良等开国谋臣相比，写了很多传世著作，是为"立言"。在古人的人生理想里，立德、立功、立言，三者有其一便为"永垂不朽"的人物，而刘基三者兼具，因此被推崇为"三不朽"伟人。

刘基的"三不朽"是其祭祀圣贤化发展的基础。

[贰]刘伯温传说

关于刘基的传说，需从他的祖德说起。祖德的传说，给刘基的成功添上"命中注定"的神秘色彩。宗谱记载，刘基的父亲刘爚十岁时，地方上发生林融抗元事件，乡豪借机构陷，两万人的叛乱者名单掌握在元朝调查官吏的手中。这一名单如果上报朝廷，将会有无数人头落地。刘爚的祖父在家中接待元朝负责调查的驿使时，刘爚献策烧毁自家的接待阁楼，借机销毁簿录，救了名单上这些人的性命，积下了阴德。乡人都以"阴德"来解释人豪刘基的出现。

刘基的字"伯温"，传说源自他少年勤学、"百温"的故事。少年刘基贪玩，念书时闻得歌声便放下书籍而去，却听浣纱女唱道："天下没有浣纱女，人间哪有衣暖身；没有百温不厌者，哪有高深学问人。铁杵磨针为至理，问君攻书可专心？"于是刘基领悟，回去认真学习，取字"百温"，即温习一百次，后改"伯温"。刘基"百温"的故事，一直是地方上教子授徒的极好教材，广为流传。其实刘基一直认真研究学问，直到晚年，他自己还回忆道："忆昔二三十，笑人不能勤。有朋远方来，讲论穷朝曛。一艺耻不知，高蹈蹑前问。"勤学好问、不断切磋，正是刘基成才的根本所在。

传说少年刘基曾得异人教授。一天刘基在石门洞读书，仰卧岩上，忽见"山为基开"四个大字。刘基叩开两道石门，见一道士躺在石床上，头枕兵书。刘基想看兵书，道士说若他能一夜背下此书，便教他全部兵法。刘基果然一夜背下全书，赢得高人传授，成为一名军事家。

刘基于学问无所不通，不仅通儒、道，还懂得象纬之学、术数之学。

刘基最大的军事贡献在于鄱阳湖水战，这场奠定朱明王朝立国基础的大战历时八个月，力量对比悬殊，充满变数。作为主要谋划者，刘基采取选择金木相克之日决战、易船救主等充满数术思想的战略，最终以少胜多。

《烧饼歌》的传说是表现刘基预言能力的重要载体，主要预言明朝的历史发展，充满了隐语。一天刘基去拜见朱元璋，朱元璋正在吃东西，便将所吃的扣在碗里，叫刘基猜一猜吃什么。刘基说"半似日兮半似月，曾被金龙咬一口"，猜中是烧饼。朱元璋便开始问大事，问明朝江山可以坐多久，刘基说"一统稳固，万子万孙"，表面

"通天地人"匾额

上是恭维话，实际上算出明朝寿命到万历皇帝的儿子和孙子（即崇祯皇帝朱由检）就结束了。朱元璋问还要防备什么，刘基说"南方终灭，北方终"。朱元璋问南京城防要注意什么，刘基说很牢固了，"除非燕子飞入"，预言了燕王朱棣发起靖难之变、攻克南京、移都北京的事实。其余包括英宗被俘、宦官专政、倭寇为患等都在《烧饼歌》的预测之中。

刘基最后的传说，是1938年12月5日上海《申报》登载的碑文。这一年，浙东某地在修建仙人桥时，发现刘基题写的《回天碑》，碑文为："起七七，终七七，冀宁粤汉暗无天日。引胡深入，一举歼灭，吴越英杰，努力努力！"该碑文预言了七七卢沟桥事变和日寇侵华的事实，以及引敌深入的对日战略思想。《回天碑》如果是五百年前留下的，就验证了刘基"前知五百年，后知五百载"的传说；如果是后人伪造的，则说明人们希望借助刘基的神秘力量鼓舞抗战士气，激发民意。

刘基传说的产生，与他的学艺和仕宦经历也有密切的关系。刘基虽然精通经史，熟悉天文术数，擅长军事谋略，有不世佐命之才，但命途多舛，在元廷当官有志难伸，到明代辅佐明太祖朱元璋开国创业，功成身退，却未能享其颐年。以他这样渊博的才学却宦途坎坷，在明朝开国的不寻常背景下，最易滋生谣言并将其逐渐神化。据说刘基尚天文风水，在辅助朱元璋与群雄争霸之际，为迎合朱元璋的迷信心理，常将理智的决策托诸星宿象纬的启示，使他显得玄秘高超，更益增进人主的宠信。他所作出的许多重要政治和军事决策，凡运用恰当而与事后形势吻合的，好事者都归于他的神机妙算，预言之说由是而兴。因此身后不久，坊间已出现许多神化他的牵强附会的传说异闻。这些俗说琐谈始于闾间委巷的渲染编造，随后又有好事者载于文字，一唱百和，以讹传讹，继而辗转编入史传小说，以为信史，又成为杜撰之驳杂猥书、民俗故事的依托对象。

刘伯温的传说经历了一个历久纷繁的演变过程。"刘伯温传说"在刘基在世时即产生，接着数量越来越多，流布越来越广，并日益丰富起来。最早的记录要算明初黄伯生《诚意伯刘公行状》里的有关内容。黄氏与刘基之子"相知最深"，但比他们年长得多，可说是刘基的同辈人。《行状》说刘基在西湖望云气，认为"此天子气也，应在金陵，十年后有王者起其下，我当辅之"；又说刘基看见日中黑子，预测东南方向必将失去一员大将，不久胡深果然败没。明朝中后期，文人笔记对刘伯温传说更是多有记录。隆庆年间（1567—1572）的进士赵善政辑有《宾退录》四卷，开篇即有"鄱阳湖更舟"的神奇记载。约与之同时的邓士龙辑成《国朝典故》，其中《遵闻录》篇载有"筑城之谶"。万历年间（1573—1619）焦竑所辑的《玉堂丛语》卷八《志异》中，则较详细地记录了"石室得天书"的故事。清代，刘伯温传说在文人笔记中也多有记录，如吴承谋的《吴兴旧闻录》卷一、欧阳苏的《蛟溪书屋怀刘青田先生并序》及清末民国初年的《烧饼歌》等等。

刘伯温传说覆盖地区相当广阔，几乎遍及全国，乃至日本、韩国、新加坡、马来西亚、泰国及欧洲的一些国家。刘伯温的书籍流传到这些国家的也很多，特别是刘伯温的《百战奇略》和天文、堪舆、术数类书籍。如韩国不但有刘伯温的各类书籍和大量传说，而且出版了大量的韩文版译著。在大基里地区有一座名叫"讲善堂"的祠堂，专门用来供奉刘基，地名"大基里"、"小基里"就带有刘基的"基"字。日本把《百战奇略》及其堪舆类书籍翻译成日文，广为流传。在我国，据周文峰《刘伯温民间传说集成》搜集，刘伯温传说在全国二十四个省、直辖市有流传，浙江、北京、安徽、江苏、江西、山东、河北、湖南、福建是该类传说的核心区域，共四百多则。

《刘伯温传说集成》书影

在精选的三百则传说中，浙江一百三十多则，北京约四十则，安徽约
三十则。

刘伯温传说篇目繁多，内容广泛，塑造了丰富的刘基形象。刘伯
温在传说中是智慧化身、艺文高手，是民众智慧的集成；他是清官样
板、仁人君子、勤勉学子，是民众道德的象征；他是预言大师、风水
宗师、得道仙师，是民众信仰的象征。刘伯温传说中有山地文化的
印记，有民众惩恶扬善的意愿，有对刘基功业的赞颂，亦有对其智
慧的褒扬，从刘基出生、读书、中举、当官、隐居、出山、定鼎、功成，

国家级"非遗"项目"刘伯温传说"

到身退、病没等，贯穿他的人生轨迹，实实虚虚，扑朔迷离。

刘伯温传说是地域文化的瑰宝，有很高的价值。刘伯温传说在民间文学中占有重要地位，借鉴其创作方法，探索其创作规律，对繁荣现代文艺具有重要意义；刘伯温传说是民众整个心灵世界的折射，是世代的传承，有助于研究民众心灵史；传说包含的一些历史因素，能弥补正史对刘基记载的不足，因而具有一定的史学补充意义。

传说与信仰是相辅相成的关系。刘基的传说促进了刘基信仰的生成，形成刘基的俗神化过程，刘基的俗神化又进一步丰富着刘基的传说。传说是神明的灵魂，传说消失了，神明也将消失。

[叁]太公神信仰

太公神信仰即是民众对刘基的神明化供奉、祭祀和朝拜。在刘伯温传说的中心地带南田镇和文成县，刘基还作为太公神信仰而存在着。太公神信仰不仅把刘基这一人物传说化，而且把刘基神明化；使刘基不仅成为刘氏宗亲祭祀对象，而且成为文成地方民众跨越宗族的信奉对象。在文成县境内，刘基实质上已经成为最重要、最灵验的地方神。

刘基人物形象神明化的生成机制，一则来自朱元璋对刘基的神化，二则来自刘基的自我神化，三则来自南田和文成（青田）地方民众的神明化祈愿。

朱元璋要想推翻旧王朝成为天子，就必须证明自己是"奉天承运"；他为了神化自己，就先神化了刘基。刘基在世时就有被神化的迹象，朱元璋伐定天下时就借刘基神化自己，扩大影响力，笼络人心。《刘氏宗谱》保存的一些《御制诏书》反映朱元璋在发军令前、激战状态中、平西蜀后多次发御书咨询天兆、占卜时辰，宣称刘基"居则每匡治道，动则仰观乾象。察列宿之经纬，验日月之休光。发踪指示，三军往无不克"[1]。洪武元年（1368）三月在《授御史中丞诰》中认为刘基"学贯天人，资兼文武，其气刚正，其才宏博"[2]。洪武三年（1370）七月在《授弘文馆学士诰》中认为刘基"及将临敌境，尔乃昼夜仰观乾象，慎候风云，使三军避凶趋吉，数有贞利"[3]。洪武三年十一月在《封诚意伯爵诰》中说："朕观往古俊豪之士，能

[1]　[明]朱元璋：《御宝诏书》。见《刘氏宗谱》卷首二，1993年重刊。另见《诚意伯刘先生文集》卷一《翊运录》，中国文史出版社2011年版，第4页。

[2]　[明]朱元璋：《授御史中丞诰》。见《刘氏宗谱》卷首二，1993年重刊。另见《诚意伯刘先生文集》卷一《翊运录》，中国文史出版社2011年版，第5页。

[3]　[明]朱元璋：《授弘文馆学士诰》。见《刘氏宗谱》卷首二，1993年重刊。另见《诚意伯刘先生文集》卷一《翊运录》，中国文史出版社2011年版，第5页。

识主于未遇之先，愿效劳于多难之际，终于成功，可谓贤知者也，如诸葛亮、王猛独能当之。朕提师江左，兵至栝苍，尔基挺身来谒于金陵，归谓人曰：'天星数验，真可附也，愿委身事之。'于是乡里顺化。基屡从征伐，睹列曜垂象，每言有准。"[1]从朱元璋的诏诰中看出，刘基对朱明王朝的贡献，是掐指数算、占卜观象、天命宣传、率先投效取得的。

刘基积极树立朱元璋"真命天子"、"君权神授"的地位，也为刘基形象神明化营造神秘气氛。洪武四年（1371）二月刘基在《御赐归老青田诏》的《谢恩表》中，回应朱元璋的赞誉道："伏以出草莱而遇真主，受宠荣而归故乡，此人人之所愿欲而不可得者也，中谢。钦惟皇帝陛下以圣神文武之姿，提一旅之众，龙兴淮甸，扫除群雄，不数年间遂定中原，奄有四海，神谟庙断，悉出圣衷，舜禹以来未之有也。臣基一介愚庸，生长南裔，疏拙无似。其能识主于未发之先者，亦犹巢鹊之知太岁，园葵之企太阳，以管窥天，偶见于此，非臣之所知有以过于人也。至于仰观乾象，言或有验者，是乃天以大命授之陛下，若有鬼神阴诱臣衷，开导使言，非臣念虑所能及也。"[2]

除了朱元璋对刘基的神化，还存在刘基的自我神化。刘基祖父

---

[1] [明]朱元璋：《封诚意伯爵诰》。见《刘氏宗谱》卷首二，1993年重刊。另见《诚意伯刘先生文集》卷一《翊运录》，中国文史出版社2011年版，第6页。

[2] [明]刘基：《谢恩表》。见《刘氏宗谱》卷首二，1993年重刊。另见《诚意伯刘先生文集》卷一《翊运录》，中国文史出版社2011年版，第10页。

信众（雷忠义 摄）

刘廷槐"义孚乡里，积德余庆，发于孙枝"[1]。刘基深知要使自己的政治主张完全得以实现，战略决策完全得以推行，就要获得朱元璋的许可、同僚们的支持，所以在南征北战、创业开国之时，采用了兵家、术家惯用的手法，坚定君臣的信心、鼓舞士气。如在《明史纪事本末》卷三中记载的鄱阳湖大战："时刘基忽跃起大呼。太祖亦警起回顾，但见基双手挥之曰：'难星过，急更舟！'太祖如言入他舟，坐未定，旧所御舟以炮碎矣。"刘基救了朱元璋一命。《诚意伯刘公

[1]　[明]朱元璋：《追封祖父（刘廷槐）永嘉郡公诰》，洪武元年十一月制。见《刘氏宗谱》卷首二，1993年重刊。另见《诚意伯刘先生文集》卷一《翊运录》，中国文史出版社2011年版，第10页。

行状》载:"江州平,上使都督冯胜将兵攻某城,命投方略。公书纸授之,使夜半出兵云:'至某所,见某方青云起,即伏兵。顷有黑云起者,是贼伏也。即衔枚蹑其后,击之,可尽擒也。'众初莫肯信,至夜半,诣所指地。果起云如公言。众以为神,莫敢违,竟拔城擒贼而还。"《行状》谓基"外人莫能测其机"。刘伯温以料事如神、天机在手的态度自我神化,实现了自己拯国救民的政治抱负。

托名的阴阳术数著作也对刘基的神化发挥了一定的作用。在明清的野史小说杂著和近代的民间传说里,刘基以其字伯温知名,通晓天文历数、星相占卜堪舆,运筹帷幄、纵横捭阖,所经之战争无一不胜,所理之政务无一不清,人传他可呼风、能唤雨、通星象、精卜筮、晓吉凶、知阴阳,有夺天地造化之法,鬼神莫测之术,真乃神也。在民间出现了许多具名刘伯温的天文数术、阴阳卜筮、星相堪舆等各类书籍。这些书籍有刻本和传抄本,年代从明初至清季,样本繁复,不易考勘,但是不少风行一时,也有些到近世依然流通。入天文历算类的有《清类天文分野(直省)之书》二十四卷、《天元玉历》十二卷、《白猿经风雨占候图》若干卷;入阴阳卜筮类的有《玉洞金书》一卷、《注灵棋经》二卷、《解皇极经世稽览图》十八卷、《奇门遁甲》不分卷;入星相类的有《三命奇谈滴天髓》二卷、《演禽图诀》不分卷;入堪舆类的有《金弹子》三卷、《一粒粟》一卷、《地理(堪舆)漫兴》三卷、《灵城精义》二卷、《佐元直指图解》十卷、《披肝露胆经》一卷、《注玉尺经》四卷；入兵家类的有《百战奇略》十卷；入农家类的有《多能鄙事》十二卷等等。最有传奇色彩的是《烧饼歌》的流传。此类书籍畅行民间，读者眩于其说，更易深信刘伯温为非凡人物，进一步巩固了他的神灵地位。

刘基的神化形象在文成形成耕读传统，使重教育、重智力投资成为山民的风气。民谚曰："若要富，看后步[1]。""后步会读书，一定穷变富。"刘基的故乡南田，成为人才孵化地。刘氏的家学遗风还传向了蒋氏、赵氏、陈氏、林氏、郑氏等文成一百零三姓氏子弟，元末明初的山区乡豪社会转变为后来的耕读社会。民众认为，山区人才的培养和成长，都与太公神的保佑有关，并有相关的传说故事。

为什么在南京、北京和鄱阳湖等地没有形成刘基信仰？为什么在刘基后裔迁徙地只有宗亲的祠堂祭祀，没有形成民众的神明信仰？这说明在地方社会的社区生活中，只有当区域地理概念的形成、社区共同体的凝聚、群体愿望的诉求都把具有神化基础的刘基作为对象物时，才能形成民众的神明信仰。因此，在刘基人物神明化的三大生成机制中，地方民众的影响是最重要的生成机制。

在南田和文成地方，刘基的神明化正以"灵验"的原则进一步发展。

---

[1] 后步：即后生、青年人，指第二代人。

三、祭祀历史与演变

刘基祭祀可以从官方祭祀、家族祭祀和地方祭祀三个角度描述。官方祭祀是指官方组织的功臣祭祀活动，家族祭祀是指血亲后裔的祭祖活动，地方祭祀是指社区民众的祈愿性祭神活动。

三、祭祀历史与演变

刘基祭祀可以从官方祭祀、家族祭祀和地方祭祀三个角度描述。官方祭祀是指官方组织的功臣祭祀活动，家族祭祀是指血亲后裔的祭祖活动，地方祭祀是指社区民众的祈愿性祭神活动。刘基祭祀在有明一代受政治形势的影响很大，官方祭祀断断续续，规模和范围不断扩大；受官方祭祀的影响，家族祭祀或隐或显，到了明代以后基本上只受家族经济条件的影响；地方祭祀一直维护着历史名人的地方神化维度，使刘基祭祀成为地方认同的神圣力量；行业神的信仰祭祀又使刘基祭祀拥有特殊的信仰人群。

[壹]官方祭祀

洪武八年（1375）五月六日，刘基在家乡南田去世。第二年九月十六日，官方祭祀刘基。承事郎前工部员外郎刘彬、承事郎水部主事兼吴相府录事吴公愿、从事郎前常州府武进县丞赵嗣泰等官员，以牲醴致祭刘基之灵，作《祭诚意伯文》[1]。这次祭祀虽然在时间上距刘基去世有一年五个月，既非忌日，也非诞辰日，与四仲月祭也没有关系，但可以看作刘基逝世的周年祭。祭祀的场所没有记载，

[1]　[明]刘彬等：《祭诚意伯文》，洪武九年撰。见《刘氏宗谱》卷首二，1993年重刊。

家族参与的情况不详。同年十月，朱元璋要求刘琏将刘基所著的《观象玩占》等书上交皇室，赏给三十贯宝钞。洪武十年（1377）七月服丧期满，朱元璋特授刘琏为考功监丞，两个月后诏拜江西右参政，后胡惟庸指使死党江西布政使沈立本迫害刘琏。刘琏不堪其辱，于洪武十二年（1379）六月三十

洪武九年《祭诚意伯文》

日跳井自杀，官方表述为"一疾长往"、"以疾薨于位"。"讣闻天子为之震悼，辍视朝，遣使吊问，亲御宸翰，为文祀以中牢。"[1]同年九月二十一日，"皇帝遣国学生陆居敬谕祭于江西布政司刘琏之灵前"[2]。该"谕祭"为未葬之奠，十一月刘琏葬于"里西石门岭董田之原"[3]。从刘基去世到洪武十三年（1380）胡惟庸倒台的五年时间，是刘家子孙受尽迫害、生存非常艰难的日子。

永乐皇帝当政的二十二年（1403—1424）是刘基祭祀最冷清的时期。永乐元年，刘基次子刘璟以忠于谷王的名义，继续抵抗朱棣的僭越行为，被迫自尽身亡。刘璟的长子刘貊在南田守墓三年。永

---

[1] [明]吴从善：《故参政公哀辞并序》，洪武十三年撰。见《刘氏宗谱》卷首二，1993年重刊。

[2] [明]朱元璋：《御祭二世祖琏文》，洪武十二年撰。见《刘氏宗谱》卷首二，1993年重刊。

[3] [明]苏伯衡：《故参政刘公墓碑铭》，洪武十二年撰。见《刘氏宗谱》卷首二，1993年重刊。

乐年间，刘家没有人做官食禄。

宣德元年（1426），宣宗皇帝授刘璟的儿子刘貂为刑事照磨，刘基后裔逐步进入仕途。刘基祭祀重新得到官方重视。

景泰三年（1452），景帝授予刘禄五经博士。刘禄是刘基的七世长孙，当年十一岁，他接受礼部咨查，"填注翰林院世袭五经博士，仍回原籍以奉祭祀"[1]。他是按照明代礼制专门设置的品官家祭钦定主祭，成为刘基庙的祭祀官。礼部右侍郎谢铎的《敕赐翊运祠碑》记载："至景泰间，始有博士之命，为之立庙以祀。"[2]可见官方给刘基立庙是在景泰年间（1450—1456），由此官方祭祀和家族祭祀合二为一。天顺二年（1458）奉旨敕建南田刘基庙，是迁址扩建，第二年落成。天顺五年（1461）礼部为之立碑。刘基故里的家庙祭祀得到中央政府的光大。

明代的五经博士与汉代有很大的不同。明代翰林院五经博士，初置五人，各掌专精讲义，继以优给圣贤先儒后裔世袭，不治院事。首先优给的，是孔、孟、颜、曾等十三姓圣贤后裔，成为圣庙执事官，主管祭祀活动，清代延续了明代的这一制度。授刘禄五经博士，属于圣贤后裔世袭制的推恩扩大，为品官家庙祭祀需要而置。景泰七年（1456）刘禄十五岁"出幼"，到礼部"填注"。刘禄其实是国家认

[1] [明]礼部《世袭翰林院五经博士札付》。见《刘氏宗谱》卷首二，1993年重刊。
[2] [明]谢铎：《敕赐翊运祠碑》，1506年立。见吴明哲编《温州历代碑刻二集》，上海社会科学院出版社2006年版，第837页。

定的"奉祀君"，据此说明明朝中后期推行的是宗子主祭权世袭制，但是世袭人选不一定是宗子。

景泰七年《授七世祖禄世袭翰林院五经博士札付》节选如下：

吏部为取用事准礼部咨该浙江布政司批送处州府青田县已故功臣诚意伯刘伯温长子刘琏第七世孙刘禄告投到部查得景泰三年五月十五日本部官于奉天门节该钦奉圣旨礼部行文书查取续准浙江布政司咨呈开刘伯温原生二子长子刘琏第七世孙刘禄见年一十一岁为是幼小未堪起送行令出幼之日起送前来今刘禄一十五岁送到缘系

……

圣旨是钦此钦遵当将刘禄填注翰林院世袭五经博士仍回原籍以奉祭祀讫拟合通行除外合札本职钦遵回还原籍浙江处州府青田县以奉祀施行须至札付者

一差办事吏曹晟赍捧

右札付翰林院世袭奉祀五经博士刘禄　准此

景泰七年三月二十二日对同都吏王智

　札押

弘治十三年（1500），孝宗皇帝任命刘瑜为处州卫指挥使，后升任提督操江，掌管南京前军督府事。刘瑜是刘禄的长孙，刘基第九世嫡长孙。谢铎《敕赐翊运祠碑》记载："孝宗时（1488—1505）寻以礼科给事中吴仕伟之言，录其九世孙瑜为处州卫世袭指挥使。盖先是郡人郑以璋尝有立庙之请，诏下所司，巡按分守等官实奉行之。至是瑜还，监察御史邢公缨、兵备副使林公廷选、张公宾首谒公庙，复通道，立坊，匾曰'翊运元勋'之坊。于是庙制焕然一新，乃命公八世孙养由，以郑御史宣之言，来嘱予记。"并系之词曰："于穆庙祀兮，崇阶两楹。洒酒骊牲兮，苾芬其馨。仰瞻再拜兮，我民之情。神其不爽兮，来止来宁。"[1]由此可见弘治年间刘基庙前修了庙道，并立了"翊运元勋"的牌坊。嘉靖十二年（1533），刘瑜袭封诚意伯。

刘基的十一世孙刘世延也担任过南京左军都督府事，并于嘉靖二十八年（1549）袭封诚意伯。

正德年间，刘基的祭祀品级提高到与徐达祭祀同等的公爵地位。正德九年（1514）十月十九日武宗皇帝颁发《追赠太师谥文成诰》，给予"渡江策士无双，开国文臣第一"的评价。刘基的官方祭祀开始圣贤化。

追赠太师谥文成诰

奉天承运

---

[1] [明]谢铎：《敕赐翊运祠碑》，1506年立。见吴明哲编《温州历代碑刻二集》，上海社会科学院出版社2006年版，第837页。

皇帝制曰：增秩报功，进崇阶于一等，饬名显德，加美号于百年，礼在褒崇，事关教劝尔。故开国翊运守正文臣、资善大夫护军诚意伯刘基，慷慨有志，

武宗皇帝《追赠太师谥文成诰》

刚毅多谋，学为帝师，才称王佐，属圣祖之聿兴，乃明良之载，遇孔明之任，岂间人言敬舆之谋，不负所学，遂覃精诚之虑，益酬神武之知。占事考祥明有征验，运筹画计动中机宜。盖始见异云而识王气，复仰指乾象以示天心，逮应聘栝苍，陈时务于建业，即从征彭蠡，定大事于中原。渡江策士无双，开国文臣第一。受爵能让，怀辞今蹈海之风；功成不居，从辟谷封留之请。可谓明哲允矣！清贞参前代之名臣，休声罔替，稽累朝之报，礼恩典尚遗。今特赠尔为太师，谥文成。於戏！青田薄赋，已为乡里之美谈，宝册扬名，益重华裔永之誉。

正德九年十月 制诰之宝 日

正德十三年（1518）六月十八日，浙江司副使提督学校刘瑞致祭文成公，撰刻《祭诚意伯碑》。这块石碑一直立在青田县城忠节公祠

后堂，说明这次的祭祀活动在青田县城忠节公祠举行。

明武宗朱厚照的《钦赐祭文》[1]全文如下：

> 维正德岁次某年某月日，浙江处州府知府某，钦承上命致祭于开国翊运守正文臣诚意伯赠太师谥文成刘公曰：惟公学本帝师，才具王佐，相我圣祖，迅扫胡夷，乾坤载清，纲常复正，古称名世，何以过之？惟皇念功，特伸恤典，文臣之谥，光于留侯，岁祀之仪，比于魏国[2]，兹于仲春秋，式当明荐，老成虽远，风烈固存。秩祀有常，永昭崇报。尚飨。

钦赐祭文

---

[1]　[明]朱厚照：《钦赐祭文》。见《刘氏宗谱》卷首二，1993年重刊。

[2]　魏国：指明代魏国公，为徐达封号，至崇祯年间共世袭十一世。徐达（1332—1385），字天德，安徽濠州钟离（今安徽凤阳东北）人，明朝开国军事统帅，洪武初官至中书右丞相，赐爵魏国公，追封中山王。

从武宗的祭文看，正德年间刘基的祭祀仪式由地方官处州知府主持，每年仲春、仲秋两次献祭，仪式的规模等同于魏国公徐达，为公爵规格。由知府主持的祭典不一定在南田刘基庙举行，这个时期的府城刘基庙还没有兴建，而县城刘基庙应该已经存在。刘瑞的祭祀和祭文应该是钦赐祭文以前的作为。

嘉靖时期刘基配享太庙，祭祀进一步隆兴。嘉靖十年（1531）三月十五日礼部会议，刑部清吏司郎中事主事李瑜奏请"进刘基于太庙功臣配飨之列，名位次于六王之下"[1]。十九日奉圣旨拟行。二十九日，礼部为崇元勋以正祀典事，捧刘基牌位赴太庙两庑，列于六王之下奉安，武宗皇帝钦赐祭文。刘基去世一百五十六年之后，才列入太庙功臣配享之列。为了方便祭祀刘基，弘治十五年（1502），礼科给事中吴士伟请求在处州府城建造文成公祠，知府梁宸在皇华铺前置官地筹建，因地块狭窄没有建成。后来云和人郑以璋、郑浤父子相继请建，潘润为之撰《请重建刘诚意伯祠疏》。地方政府在嘉靖年间奉旨敕建府城处州郡城富山（现丽水刘祠堂背）刘文成公祠，这一祠庙一直为知府使用，直到崇祯八年（1635）还由守道诸葛曦重修。清末，该庙由刘氏宗亲接管。同治三年（1864）裔孙诸公首事重修，光绪二十三年（1897）因火灾重修，后圮废，被黄、褚二姓侵占，经族人诉讼清出，立界碑。抗日战争时期遭敌机轰炸，今存遗址。

[1]　[明]《礼部会议》。见《刘氏宗谱》卷首二，1993年重刊。

青田县西门敕建文成公祠，要比府城建文成公祠早些，具体时间不详，有刘氏与王氏对调田地为祠址的记载。嘉靖年间，青田县城丹山门下敕建长史公祠，奉祀刘基次子刘璟。乾隆四十一年（1776）刘璟晋谥忠节，县令吴捧日奉旨敕建重修，更称忠节公祠，追祀文成公。这一时期青田县城文成公祠可能已经圮废。光绪丙庚年[1]失火，裔孙首事重修，后为青田中学占用，1987年主体拆建为三渔礼堂，1993年余体以"青田县刘府祠"列入青田县文物保护单位。

嘉靖十年（1531）吏、礼二部会议议及刘基祭典时，刑部清吏司署郎中事主事李瑜追溯了刘基身后的政治背景和祭祀历程[2]：

臣等窃惟国初诚意伯刘基，本以纯粹之学、王佐之才，同徐达、汤和辈殚谋戮力，奉翊我太祖高皇帝削平宇内，奄有中原，发纵决策，有古萧何之功，帷幄运筹，有吾子房之比。当时论功行赏，世封伯爵，与徐达、汤和等事体相同，则我皇祖所以优眷勋臣者，未尝不至矣。后太宗文皇帝定鼎燕都，基子孙幼弱，不能赴京，伯爵遂停，而庙祀之典亦因废缺。近年虽有该科论奏，府官题请修建祠宇于该处地方，然偏僻苟简，与乡祠无异，非崇庙食报功之典。天下觖望，非一日矣，今本官之奏，实出人心之公，恭惟皇上创新礼乐、厘正祀典，百

---

[1]　《刘氏宗谱》文字有误。纪年无丙庚，或为光绪丙子年（1876）、光绪丙戌年（1886）、光绪丙申年（1896）、光绪丙午年（1906）之误。

[2]　[明]李瑜：《礼部会议》。见《刘氏宗谱》卷首二，1993年重刊。

年机会，幸遇昌辰，伏愿陛下思太祖创业之难，体先生励世之意，念功臣一体，报称宜同，进刘基于太庙功臣配飨之列，名位次于六王之下，则公道昭彰，人心激劝，而太祖在天之灵亦无不慰矣。

嘉靖四年（1525），参政公祠在南田三滩[1]新建。同年，忠节公祠在南田华阳奉旨敕建。

隆庆元年（1567），参赞机务、南京兵部尚书张时彻撰《诚意伯刘公神道碑铭》，这时夏山的刘基墓得到了重修。

明潘润《请重建刘诚意伯祠疏》：

洪惟高皇帝应天顺人，龙飞淮甸，不数年间奄有大业。当时佐命诸臣，奉行天讨、削平僭乱于外者，有徐达、汤和辈，而徐达为最；察观乾象、运筹帷幄于内者，惟刘基一人而已。是刘基之功，与徐达相伯仲也。太祖常礼敬之而不名，每曰："吾子房也。"所以待之者至矣。当功成之日，举报锡之典，封徐达为魏国公，食禄甚厚，春秋祭祀之外，时享不一。封刘基为诚意伯，恩宠有加，所以报之者亦至矣。厥后徐达之子曰辉祖者，袭封公爵，至今世代相承，久而不替。刘基之孙曰刘廌者，袭封诚意伯。自廌之后不传。臣原籍直隶广德州建平县人，密迩南都，自龆龀之时闻父兄遗论，谓刘基之功与徐达相等，

[1] 三滩：刘耀东《南田山志》作"散滩"，刘基八世孙（长房）刘养由迁居于此。

而达之子孙袭爵如故，基之子孙寂无所闻。山林僻处莫知所由，及臣幸登仕版，闻士夫议论，及睹基《翊运录》，知景泰年间钦取基七世孙刘禄授翰林院五经博士，天顺元年[1]刘禄奏请立诚意伯祠，荷蒙英宗皇帝诏可其奏，下有司营建祠堂于基原籍青田县，以安其灵恩，至渥矣！然五经博士之袭似未惬然，祠堂规制俱涉苟简，事出不详，有怀未吐。嘉靖五年六月内臣钦承上命，知处州府事，值公干至青田县，参谒诚意伯祠，果见规模卑隘，及询仪物亦不加隆。其孙刘豫见袭处州卫指挥使，臣乃追思父兄所以为刘基论者，有由然也。仰惟太祖之兴也，群臣协辅，如云龙风虎之相从，其报赏也，论功锡予如权衡轻重之不爽，奈何历世未远，事体顿殊，如徐达者，子孙辉映百年无异；如刘基者，子孙袭荫仅一指挥，春秋祭祀率多简略；功之在太祖实相颉颃，报之在今日者似觉霄壤，非惟无以慰刘基泉壤之望，恐我太祖在天之灵，亦不欲报刘基之止于如此也。及查弘治十五年，礼科给事中臣吴仕伟请建祠堂于府城，前任知府臣梁宸谨奉钦依事理，尝置官地一所于皇华铺前，规模窄狭，尚未建立，故云和民人郑以璋、郑泫父子相继为言者，亦天理人心之不能已也。臣昔虽耳闻，今乃目击，有激于中，不忍缄默。为此披沥愚悃，冒死上陈，伏乞皇上念太祖创业之难，悯刘基功绩之大，特勒礼、兵二部查照徐达、汤和等，于其袭荫稍加爵秩，于其祠宇稍加壮丽，于其祭祀稍加丰隆，较之徐达等递

---

[1] 上文作"天顺三年"。

减一等，使彼子孙世守，则上副太祖锡报元功之诚，下协天下臣民之论，而抑有以厉人心于将来矣！

王世贞撰《文成公别传》，见《弇州史料前集》，成文于刘世延袭诚意伯后。

万历、天启年间（1573—1627），刘基十三、十四世孙继续为官封爵，弘扬刘基祭祀。万历三十六年（1608），十三世孙刘尽臣袭封诚意伯。万历四十五年（1617）五月十五日，钦差巡按浙江等处监察御史胡继升等，致祭于刘基之神。这次祭祀主要是祭刘璟，撰有《祭长史公文》[1]。天启三年（1623），十四世孙刘孔昭袭封诚意伯。

纵观有明一代，不重视或淡化刘基祭祀的有明太祖朱元璋洪武时期（1376—1398）、明成祖朱棣永乐时期（1403—1424）、明宪宗朱见深成化时期（1465—1487）、明穆宗朱载垕隆庆时期（1567—1572）、明思宗朱由检崇祯时期（1628—1644）；重视刘基祭祀的有明宣宗朱瞻基宣德时期（1426—1435）、明英宗朱祁镇正统时期（1436—1449）、明代宗朱祁钰景泰时期（1450—1456）、明英宗朱祁镇天顺时期（1457—1464）、明孝宗朱祐樘弘治时期（1488—1505）、明武宗朱厚照正德时期（1506—1521）、明世宗朱厚熜嘉靖

---

[1]　[明]胡继升：《祭长史公文》，万历四十五年五月撰。见《刘氏宗谱》卷首二，1993年重刊。

时期（1522—1566）、明神宗朱翊钧万历时期（1573—1619）。统计不重视时期约九十多年，重视时期约一百六十多年。

乾隆朝青田知县吴捧日《重修文成公祠堂记》

清代官方继续关注刘基祭祀。康熙二十六年（1687）八月十三日，处州知府窦日严以猪一羊一清酌庶品之仪致祭刘基之神。乾隆三十年（1765）南田文成公之祠由族人重修，青田知县吴捧日撰《重修文成公祠堂记》。据江苏督粮道韩锡胙《修石门洞祠诚意读书堂引》，青田县石门洞文成公读书处建祠时间不详。乾隆八年（1743）大司马彭芝庭视学两浙，览诚意书堂已倾侧将废，命当地灵佑寺僧实光建祠，实光老病无应，没二十年后，韩锡胙解奉作祠，增祀开山祖谢灵运等于书堂后室。乾隆四十一年（1776）赐刘璟谥号"忠节"，青田县令吴楚椿奉旨在原址重建忠节公祠，更名为"敕建长史公祠"。嘉庆二十五年（1820）四月，青田县知县董承熙以"牲醴不腆之仪"，致祭刘基之墓。道光十五年（1835）七月，青田知县刘荫棠撰《重修南田刘文成公祠碑记》，并作祭祀《迎神送神曲》，太公祭第一次出现乐舞的记载。

民国时期官方祭祀停止，但政界和商界名流依然关注刘基祭祀。民国4年（1915），章太贤作《诚意伯集序》，并有祠祭；民国8年（1919），上海黄庆澜助资重修祠宇；民国23年（1934），诸暨赵世瑞、镇海虞洽卿助资修葺。

　　1964年，郭沫若游览石门洞时题诗。1981年，浙江省人民政府拨款重修南田刘基庙。1985年，台湾黎明文化事业公司请魏汝霖将军注释《刘伯温兵书》，蒋纬国为之作序。1989年12月12日，南田刘基庙被列为省级重点文物保护单位。2001年6月25日，南田刘基庙被国务院列为全国重点文物保护单位。2008年，"刘伯温传说"列入国家第二批非物质文化遗产名录。2011年6月10日，"太公祭"列入国家第三批非物质文化遗产名录。

[贰]家族祭祀

　　品官家祭一方面会与官方祭祀互动和融合，在恶劣的政治形势下举行隆重的家祭是不可能的，而隆重的家祭一般情况下则与官方祭祀相呼应；另一方面，品官家祭依靠后裔的能力延续，没有官爵的后裔，想维持家祭规格是非常困难的。根据明代礼制，只有品官才能为其先人建置家庙，只有品官才能主持家庙的祭祀。家族祭祀具有"奉旨祭祀"、"袭爵禄祭"和"焚黄文祭"的内涵，这些都体现了家族祭祀的政治性。在失却政治依靠的境况下，后裔的数量也是祭祀能否延续的重要条件。

　　从家族祭祀的必要条件出发，我们从明初刘基开始到如今第二十九世裔孙，做一个《世系表》，看太公祭所储备的人力资源。以下材料来自《刘氏宗谱》和刘耀东《南田山志》，丁口人数为男丁，包括南田各村、永嘉金堡、瑞安穗丰等可以统计和参加祭祀的后裔，其余散居者不计。

第一世：刘基。兄弟3人，刘基排行第二。

第二世：2人。长子刘琏，任江西右参政；次子刘璟，任谷府左长史。

第三世：4人。刘廌袭诚意伯，刘廙徙金堡，刘貊任刑部照磨，刘骁徙穗丰。

第四世：7人。

第五世：20人。刘稙为七品散官。诸生4人。

第六世：19人。诸生若干人。

第七世：35人。刘禄受翰林院五经博士。

第八世：74人。刘宪赠诚意伯，刘养由析居南田散滩。

第九世：109人。刘瑜袭诚意伯，刘维新任肇庆府通判。诸生2人。

第十世：159人。刘洪赠诚意伯，刘派为国子监生，刘宗清供职都阃府。诸生2人。

第十一世：269人。刘世延袭诚意伯，刘世懋为琼州别驾，刘世旭、刘世续为岁贡。诸生6人。

第十二世：349人。刘一鸾为岁贡。诸生2人。

第十三世：558人。刘尽臣袭诚意伯。诸生10人。

第十四世：791人。刘孔昭袭诚意伯，为南明福王、唐王、鲁王政权的核心人物。诸生18人。

第十五世：1690人。刘永锡袭诚意伯，战死舟山。诸生20人。

第十六世：2213人。刘辉祖中武举人，刘其铭为营守备。诸生30人。

第十七世：3060人。诸生20人。

第十八世：3726人。诸生9人。

第十九世：4019人。刘凤诏恩贡，刘凤威任陆军少将，刘元为书画家。诸生9人。

第二十世：2927人（为民国时不完全统计）。刘耀东（1877—1951），留学日本；刘崧坤（1874—1938），少将、国民政府军事委员会参议；刘炳枢（生卒年不详）任陆军上校；刘秉枢（1880—1956），少将、防守司令；刘则宽（1903—1986），国民政府主任科员；刘劲持（1904—1988），任中将、解放军军长；刘兆祥（1906—1998），任国民军少将；刘文峰（1934—1995），报社编辑、报告文学作家。诸生10人。

第二十一世：人数不详。刘霞卿（1885—1954），少将；刘德隅（1903—1981），任南京国民政府书记官。

第二十二世：人数不详。刘旦宅（1931—2011），画家。

六百多年来，刘基后裔已经繁衍二十九代，现有人口六万多人。[1]

刘基长子刘琏（1348—1379），字孟藻，自幼聪明好学，十岁能作文、写诗，文采不凡，二十岁已经熟读四书五经。元至正二十五年（1365），率地方自卫军击退方国珍对青田的进攻。明洪武十年（1377），特授考功监丞，不久又兼监察御史，后调任江西右参政，洪武十二年（1379）跳井自杀。从武阳村的书院等建筑场所推断，当时村里应该有用于祭祀的祠庙建筑，但是不见记载。刘琏一生处于紧张的政治环境中，享年只有三十二岁，也没有看到关于他祭祀刘基的文献记载。

刘基次子刘璟被朱元璋誉为"真伯温儿也"，即与刘基很像，深得朱元璋喜爱。刘璟（1350—1402），字仲璟。洪武十四年（1381），温州叶丁香、吴达三起事反抗朝廷，刘璟随唐胜宗讨伐，参与帷幄，初露锋芒。洪武二十三年（1390）授阁门使，二十四年授谷府[2]左长

[1] 刘定卿：《话说刘伯温》，中国文史出版社2011年版，第88页。

[2] 朱橞（1379-1428），明太祖朱元璋第十九子，自幼聪颖好学，深得朱元璋的器重，1391年册封为谷王，统领上谷郡地和长城九镇之一宣府镇。建文元年（1399），谷王朱橞应建文帝诏，带兵三千赴京师护卫金川门。建文四年，朱元璋第四子燕王朱棣举兵靖难，直逼南京。朱橞见大势已去，开门南城，迎王纳降。朱棣继位后，念朱橞献城有功，封朱橞驻长沙。在长沙，朱橞骄横霸道，陷害忠良，有造反之意，于永乐十五年（1417）被废为庶人，宣德三年（1428）在狱中去世。

史。建文四年（1402）不满朱棣篡位，称病抗命，坚持"人臣事主，死而不二"，下狱后上吊自杀。

刘琏死后，家族重任都落到刘璟身上。刘璟虽然身处恶劣的政治环境，但是为刘基争取身后地位的努力不时得到体现。洪武十六年（1383），刘璟在父亲死后八年、哥哥刘琏死后四年、父亲政敌胡惟庸死后三年，请同郡诸生、将士郎、秦

刘琏、刘璟像（刘基祭祀委员会提供）

府纪善黄伯生撰写《故诚意伯刘公行状》。《明史·诸王传》："秦愍王樉，太祖第二子。洪武三年封。十一年就藩西安。"朱樉在诸王中年纪最大，被封为宗人令，在一定程度上是可以代表皇室意见的人。纪善是明王府的属官，为明代独设官职，正八品，掌讲授之职。黄伯生曾于洪武十三年为刘琏的文集《自怡集》写序，说明黄、刘之间交往较密。处士身份的刘璟，请一位正八品的同乡，为开国勋臣的父亲写一篇行状，以测探皇室的态度，这种安排可谓曲折周详、用心良苦。刘基第一篇出自一位王府秘书之手的传记问世，为刘家的官宦

之路和刘基的身后荣誉打开了一扇小小的窗。这时的刘璟，自称"孤子"。洪武二十年（1387）末，刘璟进京三天，十二月十五日于奉天门见圣，十六日上谕刘廌来见，十七日谢恩回去。洪武二十二年春节，刘璟进京二十八天，洪武二十二年正月十六日，朱元璋郊礼天地，刘璟随班礼庆，赐五十锭钞，十九日回乡。这时朱元璋认为"刘伯温在这里时，满朝都是党，止是他一个不从，故被歹人蛊了，他大的儿子也守正不从，亦被毒害了。这起歹臣，都被我废了"[1]。洪武二十三年春节，刘璟又被召到南京过年，在华盖殿面圣、领赐，又被引见了太子。连续三年过年的时候，朱元璋都以怀旧的方式召见刘伯温、章三益、胡仲渊、叶景渊的子孙。洪武二十三年六月，刘璟抓获处州山寇吴再起等三人，九月提取冒名逃军，面圣。十二月，朱元璋决定让刘璟世袭诚意伯爵位，刘璟将爵位让给了侄子刘廌。二十七日，朱元璋袭封刘廌为诚意伯[2]，封刘璟阁门使，六品官衔，并嘱咐："我如今与尔叔侄两个都回家去走一遭，把尔老子祭一祭，祖公都祭一祭，便来。"这是朱元璋上谕家祭。刘璟和刘廌"三十日辞，回乡祭祖"。这一次祭祖，才是后来正月初一"春祭"习俗的开始。正月，唐代建立的道教圣地青田县城玄鹤洞天丹山崇道观正要创建昊天圣阁，刘璟便与刘廌商议："将八九都等处田租一百十五石二斗五升舍入此

[1]　[明]朱元璋语。见《二世祖璟遇恩录》，《刘氏宗谱》卷首二，1993年重刊。

[2]　[明]朱元璋：《授刘廌袭封诚意伯爵诰》。见《刘氏宗谱》卷首二，1993年重刊。

观，以为建阁立祠奉先之需。"并与该观住持、青田县道会司道会王松涧道士合约："首以资助建昊天宝阁，次于阁下东首为令先公诚意伯大人，洎领先兄参政相公立祠追忌之用及立台座寿星堂，预为百年之计备悉。""其本观与吾先君先兄立祠奉祀，凡遇忌日，设供务必精严，须在简当，不得因时泛费及草率，那[1]展日期，走变田土，有失吾之美意，否则官有正条，罪不轻恕。今将忌日日期、设供规式、田租条段逐一开具于后。"[2]崇道观还为刘基、刘琏描画了真像，至少到洪武三十年，奉祀依然延续。这是刘璟扩大刘基祭祀影响的重要举措，第一次通过家族的努力，使刘基祭祀走出南田，走向县城。崇道观、道会司[3]负责刘基祭祀，实现了非宗亲的他人祭祀，使刘基祭祀进入了半民间、半官方的状态。叔侄二人于洪武二十四年二月进京，住在南京南门内拨赐的一处房屋，八月刘璟"钦升实授谷王府长史"[4]。刘璟用八年时间重建了刘氏官宦家族，应该也建立了一套刘基的家祭秩序。洪武二十六年，刘璟编成《刘氏宗谱》，这应该是刘基家族的第一部宗谱。他上疏请朱元璋赠序，朱元璋又一次表

---

[1] 那：疑为"挪"之误。

[2] [明]刘璟：《崇道观拨田祭祀书》，洪武二十四年（1391）正月撰书。见民国刘耀东编《南田山志》，文成县政协学习文史委《文成文史资料》第二十一辑，2008年版，第124页、第177页。

[3] 道会司：明代官方设置的县级道教协会机构，管理全县道教事务，最高管理者道会不设品级，没有俸禄。

[4] [明]朱元璋语。见《二世祖璟遇恩录》，《刘氏宗谱》卷首二，1993年重刊。

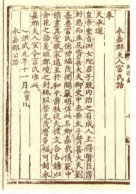
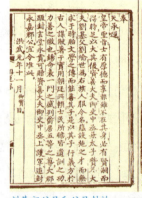

达了"世世子孙不敢忘"报先生之功的誓言[1]。刘璟这种持续性的"提醒"策略，使朱明皇家对刘基的记忆不断得到巩固。

刘璟祖父母和父母封诰

刘璟无疑为太公祭的建设做出了重要的贡献。在这里我们发现以下几点：第一，刘璟是在授官、获朱元璋许可之后才大胆祭祀刘基，符合品官家祭和奉旨祭祀的规范；第二，春祭是文成当地的习惯，也符合国家礼制；第三，忌日祭祀依然是刘家和当地祭祀的重点，符合《家礼》的要求；第四，朱元璋意欲由刘璟袭诚意伯不合朱元璋的一贯行事准则，也违背宗子承袭制度，刘璟礼让刘廌是符合嫡长子继承制的；第五，刘琏死后，刘璟将刘琏妻儿一起迁出武阳，定居华阳，并将家庙建于住宅的东南，这在空间布局上符合《家礼》规范，但在宗庶秩序上已经不符合要求，家庙应该建于祖宅东南或刘廌新宅东南，随着刘廌迁居盘谷，家庙已由次房守护；第六，从刘璟开始，次房的人数和官员多于长房，与明代许多品官家庙一样，出现了主祭权多元化的现象。

[1]　[明]朱元璋：《赠诚意伯谱序》。见《刘氏宗谱》卷首一，1993年重刊。

第三世刘廌是刘琏的长子、刘基的长孙，在太公祭中无疑具有宗子嫡传主祭的地位。洪武二十三年（1390），刘廌承袭了诚意伯的爵位，但到了第二年就不了了之。《明史本传》、《青田县志》记载："廌，字士端，洪武二十三年十月袭，明年坐事，贬秩归里，筑室于里第之西鸡山下，名曰盘谷。寻谪戍甘肃，越三月，敕还。建

授三世祖刘廌袭封诚意伯诰

文帝及成祖皆欲用之，以奉亲守墓辞，永乐间卒。所著有《盘谷集》十卷、《盘谷唱和集》二卷。"刘廌以何事被贬秩无考。《明诗综》辨误："《公侯伯袭封底部》据《兵部贴黄》：'刘廌以洪武二十三年袭爵，次年九月卒。'吾学编诸书，并同考廌所著《盘谷集》，及括苍陈谷[1]《闲闲先生传》[2]，乃知廌罢官、谪戍本末，且永乐中尚无恙。贴黄载廌以袭封次年卒，诸书因之皆误也。"[3]由此看来，一直到永乐年间，刘廌对维系刘基祭祀还是具有重要作用的。永乐三年（1405）九月，刘廌将七源、四源等处田租七十石零拨付妙因寺[4]，

---

[1] 陈谷：字宾旸，号甘泉生，明初人，世居丽水郡城，迁居南田与刘廌交游，著有《存存生集》。

[2] "闲闲子"为刘廌自号。

[3] [民国]刘耀东：《南田山志》卷十《业载》。文成县政协学习文史委《文成文史资料》第二十一辑，2008年版，第130页。

[4] 妙因寺：在南田西陵，唐大中间建，今废。刘廌有《游西陵兰若》诗。

"于东廊上珂雪堂前，另立祠堂，奉祀诚意伯及参政相公、长史相公并袭诚意伯真像，追荐忌辰及预修生日，殁后追忌，供养香灯。每年依期如式追荐忌辰，修奉法事"[1]。根据刘耀东记载，在刘族《明代遗编钞本》的九十七页旧籍里，关于刘廌妻子常氏祭墓仪式的记录最为详细："而袭伯士端夫人常氏，永乐间规定祭墓仪式最为详备。祭物中曰：羯羊一只八千重，鹅一双一千四百重，猪腿一千重，盐四百重，酱一百重。所云重者，或一钱之谓欤。"[2]

　　"靖难之变"给刘家带来灾难性的打击。刘廌因爵位坐守南田，刘貊因为是刘璟的长子到南京收尸，刘廞带着刘骁和刘貊的孩子出逃。刘家人先后隐匿并定居在温州的金堡、瑞安的穗丰、龙湾的白水等地，有的改姓为金，有的过继何姓。整个永乐时期的二十二年里，官方对刘家的状况描述是："后太宗文皇帝定鼎燕都，基子孙幼弱，不能赴京，伯爵遂停，而庙祀之典亦因废缺。"[3]这说明，洪武时期刘基的官方祭祀是存在的，到了永乐时期，官方祭祀中止了。在这种状态下，即使家祭可以维持，也是低调简易的。

　　刘貊于建文四年（1402）扶父柩归葬，庐墓三年，复于宅旁立

[1]　[民国]刘耀东：《南田山志》卷十《业载》。文成县政协学习文史委《文成文史资料》第二十一辑，2008年版，第125页。

[2]　[民国]刘耀东：《南田山志》卷十《业载》。文成县政协学习文史委《文成文史资料》第二十一辑，2008年版，第131页。

[3]　[明]李瑜：《礼部会议》。见《刘氏宗谱》卷首二，1993年重刊。

祠。此祠当为祭祀刘璟专祠，即后来忠文节公祠的雏形。宣德元年（1426），刘貊授刑部照磨。正统四年（1439）十月，处州府知府、青田县知县奉旨在南田为刘基、刘璟、刘貊敕建"联簪坊"，表彰一门三杰的忠孝行为，该牌坊的建造要比诚意伯庙早二十多年，而且是以次房宦绩为主题的荣誉纪念。刘貊于正统十四年（1449）二月撰书《先人舍拨寺观田租示诸子书》，在时隔六十年之后，重记父亲与王道长的合约祭祀前事，以免失约。这个时候他已经告老还乡，"奉祀以终余年。今载仲春初吉，致祭高祖考赐封永嘉郡公。是日行馂散礼毕，诸子请问昔有田租舍拨各寺观者，而子孙不之知，愿闻其详"[1]。他在正统年间去世，从他离世到七世刘禄受封，其中的四、五、六世，刘家没有足够品级的官员裔孙来主持刘基祭祀。

七世孙宗子刘禄十一岁被封为翰林院五经博士，一时难以发挥作用，直至十五岁"出

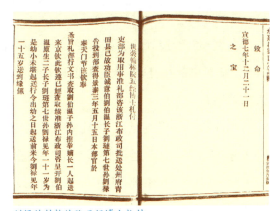

刘禄被封翰林院五经博士札付

---

[1]　[明]刘貊：《先人舍拨寺观田租示诸子书》，正统十四年二月书。见民国刘耀东编《南田山志》，文成县政协学习文史委《文成文史资料》第二十一辑，2008年版，第177页。

授刘瑜袭封诚意伯爵诰

幼"。根据宗谱记载："公因以祠宇遭毁，栖神无所，为奏诏敕有司营建焉。"据明潘润《请重建刘诚意伯祠疏》的记载，天顺元年（1457）刘禄奏请立诚意伯祠，英宗皇帝诏可其奏，下有司营建祠堂于刘基原籍青田县，以安其灵恩。"然五经博士之袭似未惬然"，其中缘故不详。刘禄四十一岁卒，没有发挥更大的作用。

九世孙刘瑜授处州卫指挥使，因李瑜进言，擢封诚意伯，提督操江，掌南京都督府事。次房九世孙刘维新，万历间以通博辟授肇庆府通判。

刘家第十一世刘世延、刘世懋、刘世学、刘世旭都有官职政声或学问德声。刘世延袭封诚意伯，掌南京左军都督府事，万历三十四年（1606）坐事死。万历五年（1577）八月二十二日，刘世延造《袭封诚意伯世系图册》送吏部存案。为了明系属、定伦序、慎封爵、免纷争，根据清吏司要求，详叙始封人名、勋绩、历代世系、本身年貌、妻妾姓氏、生男几人及其年貌，备造宗图文册三本，分送部科备照，以确定应袭之人。[1]由此看来，宗子承袭制度在明代还是比较严格的。刘世懋由隆庆恩贡授定南令，擢琼州别驾，出粟赈饥，宾服洞蛮，以犯瘴疠乞归，逍遥林下以寿终。刘世学寓京邸三十余年，讲学论道。但文献没有记载他们在太公祭中起到的具体作用。次房刘世旭为康熙二十年（1681）岁贡，授教谕。

　　第十四世有刘云、刘钦兄弟登太学，授迪功郎。刘孔昭袭诚意伯，兼理操江军务。崇祯末年清兵入关，刘孔昭掠粮船，携带宗谱，"提师旋家哭奠祖墓，携家从瓯入闽而去"，以监国身份成为南明福王、唐王、鲁王政权的核心人物，爵位晋升为诚国公、诚意侯[2]，明亡后航海不知所终。刘凤诏记载："相传先袭伯孔昭公，明亡之后，抱谱乘入海，故乡无复留遗。"[3]

　　第十五世孙刘永锡为刘孔昭子，人称郁离公子，顺治十三年（1656）八月在舟山与清兵战而死（一说跳海自杀）。

　　康熙三十七年（1698），在裔孙刘尚寅、刘天鹏、刘成勋等主持下，由朱天觉梓辑，重修《刘氏宗谱》。[4]刘凤诏记载："吾家谱乘，

---

[1]　[民国]刘耀东：《南田山志》卷十《业载》。文成县政协学习文史委《文成文史资料》第二十一辑，2008年版，第118页。

[2]　据《小腆纪传》，弘光元年（1645）十二月初晋刘孔昭爵位为侯爵。

[3]　[民国]刘凤诏：《南田次房修谱纪事》，民国6年撰。见《刘氏宗谱》卷首一，1993年重刊。

[4]　[清]朱天觉：《重修南田刘氏宗谱序》，康熙三十七年撰。见《刘氏宗谱》卷首一，1993年重刊。

今所传者，始于康熙戊寅，无明代旧谱也……然世旭公居守庐墓，际此绝续之交，何以一无纂辑以遗后人耶！逮康熙戊寅，则去明浸远，老成代谢尽矣，幸得穗丰之谱，首序、诰书、历事、要迹及世系、名讳全帙，惟次房之年表无传。"[1]由此可见，第十一世刘世旭在宗谱重修上做出了拯救性的贡献。

乾隆三十年（1765），刘氏散处人丁以万计，合族重修宗谱，请知县吴捧日撰写谱序。吴捧日写成谱："夫然后昭穆以明，少长以叙，岁时蜡腊，宾祀醵酬之际，斌斌有仪，秩秩有序，岂不皆由是谱之力也哉！"[2]

第十五世次房裔孙刘眉锡（1749—1823），乾隆诸生，今苍南县莒溪人，曾到南田办学，晚年纂辑《刘氏集礼》五卷，重编《诚意伯写情集》三卷，续编《刘氏族谱》二十四卷，创作《南田杂咏》二十三章，还有许多地方文献，为刘氏宗族文化建设做出了重要贡献，尤其在清代刘基家族祭祀文化断层、文献断代的情况下，起到了承前启后的作用。嘉庆四年（1799）刘氏续修宗谱，刘眉锡可能是其中的主要角色。邑人端木国瑚撰《南田刘氏宗谱序》："南田……其俗书射、场圃、渔钓、医卜、祷祠、问贺，世相习如一家，而庞叟、俊士、义夫、贞妇、孝子、顺孙，亦皆有先世遗韵。余既爱其俗之良，而叹公之风

[1]　[民国]刘凤诏：《南田次房修谱纪事》，民国6年撰。见《刘氏宗谱》卷首一，1993年重刊。

[2]　[清]吴捧日：《南田刘氏重修宗谱序》，乾隆三十年撰。见《刘氏宗谱》卷首一，1993年重刊。

流不谢,宗族之教,率有纪也。" [1]

清末民国初年,南田刘氏涌现了一批人才,为维护家族地位起到了重要的作用。第十八世长房孙刘廷杰(1841—1902)体恤党族,筹划维护宗族事业尽心竭力;第十九世次房孙刘凤诏(1863—1939)揽家族要事,修建青田刘府祠,掌理郡租,纂修家谱,修复刘貊墓,倡修诚意伯庙,建庙内神厨;第十九世长房孙刘志邦(1899—1988)于1943年主持建设新宅村祠堂,1946年发起重建参政公祠,改选南田武阳刘府旧宅为祠址,次年落成;第二十世孙少将刘秉枢晚年归隐家乡,主修刘氏宗谱,创建护国禅寺,与刘志邦一起重修参政公祠;1943年刘卫群、刘德隅等发起忠节公祠的重修,重建正厅;第二十世次房孙刘耀东是复兴太公祭的重要人物。

刘耀东(1877—1951),字祝群,又名葆申、曾佑,号疚庼居士,文成南田人,光绪二十八年(1902)留学日本东京政治大学,与汪精卫、沈钧儒等同学;光绪三十二年(1906)回国,先后任教于温州、金华、丽水等地;宣统元年(1909)参加民主立宪运动;宣统三年(1911)被选为浙江省咨议局议员、财政审查员、法律审查员、审议长等;民国初先后任松阳、鄞县和江苏宜兴等县知事;民国8年(1919)在孙传芳麾下任江苏镇江海关统捐局局长;民国9年(1920)

[1] [清]端木国瑚:《南田刘氏宗谱序》,嘉庆四年撰。见《刘氏宗谱》卷首一,1993年重刊。

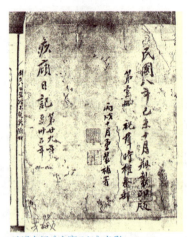

刘耀东撰《疾顾日记》书影

辞官回乡，居家三十一年，致力于乡土文献的搜集和著作，以及家族文化建设。首事集资修葺诚意伯庙，独资建造追远祠，兴建云来门、辞岭亭和启后亭；设立刘基祖上墓碑；七次上诉，索回被徐氏占为耕地的西陵村夏山刘基墓地；打三年官司，索回刘貊坟墩；坐镇青田县城，拒将刘府祠挪用为县法院；邀请政要、学界泰斗、书画名家为刘基庙撰联题额；重新编排太公祭祭祀仪式，编制《宗族祭祀须知》；编著《刘伯温年谱》十一卷、《南田山志》十四卷、《南山谈》一卷，辑录《石门题咏录》，编纂《括苍丛书》一、二集计二十六册。

　　但清末民国初年，刘氏宗族在家族凝聚力上也出现了一些问题，这些问题是长期存在的，也是宗族文化建设的普遍问题。清道光九年（1829），"长房议修谱，次房以筹款未备，长房遂独谱其世系。次房至咸丰辛酉，亦遂分辑。嗣是长房光绪丁丑、民国乙卯再修辑，皆不与次房谋……故次房自咸丰辛酉后，遂未修辑"[1]。咸丰

---

[1]　刘凤诏：《南田次房修谱纪事》，民国6年（1917）撰。见《刘氏宗谱》卷首一，1993年重刊。

十一年（1861），刘氏次房续修宗谱，请松阳拔贡詹芳躅作序。民国6年（1917），十九世孙刘凤诏主持次房修谱，作《南田次房修谱纪事》，交代了分谱情况。

刘耀东请时任浙江省省长的齐耀珊撰写谱序。齐耀珊的序言，总结了刘氏修谱的概况："刘氏谱乘，明以前俱写本，无修辑之年月。清康熙、乾隆、嘉庆、咸丰四朝凡四修，今又垂六十年，其族人凤诏，苦心编纂，袭然成帙，诚意伯二十世孙耀东者，问序于余。"[1]

新中国成立后，停止公祭，祠宇改作他用。"文化大革命"时期，南田文物都受到不同程度的破坏，刘基庙成为"岩蒙绳厂"，塑像被毁；参政公祠迁入民户居住；1957年，忠节公祠改为南田卫生院。

20世纪80年代以来，刘氏后裔热心宗族文化建设的精英人士又是济济一堂。刘志邦耄耋之年关心公益，保护文物古迹热心依旧，为维修诚意伯庙、参政公祠，筹建伯温图书馆、盘谷亭等筹募资金，往返温州、丽水各县市，并千方百计与港台、海外宗亲联系，不辞劳苦，1986年重修参政公祠，定农历正月十四日辰刻祭祀，恢复祭典；二十世孙刘则宽长期从事文字工作，1979年为报请修理刘基庙，撰写《文成公历史简编》，到1985年共撰写《刘伯温公轶事》、《南田民间故事》、《选读文成公诗文》、《文成公在历史上的

---

[1] 齐耀珊：《青田永嘉郡刘氏修谱序》，民国6年撰。见《刘氏宗谱》卷首一，1993年重刊。

地位和作用》、《明代杰出的军事谋略家刘基》等申报文本、通讯报道、普及读物、研究论文、诗文选编等三十六篇(本),在《文汇报》、《浙南日报》等报章和出版社发表、出版,为刘基文化的宣传和提升做出了重要贡献;中将刘劲持为维修诚意伯庙捐得"仅存一颗金牙",为筹建伯温图书馆,将台湾亲戚赠送的300元人民币悉数捐出;台胞刘兆祥于1990年返乡,捐资11万元,修建刘基庙、伯温图书馆、参政公祠、忠节公祠、成文公故里纪念亭等,1993年主修《永嘉郡刘氏宗谱》,1998年再次回乡祭祖,是弥合长、次二房宗亲的重要人物;台胞刘德隅除邀请政要题写外,1976年还出版了《明刘伯温公生平事迹拾遗》,并对台湾电视剧和布袋戏中神化刘伯温的现象进行了批驳。

在刘氏后裔努力下,1990年忠节公祠祭典恢复,1993年筹资重修忠节公祠,该祠于1997年列为县级文物保护单位。

1993年,刘氏后裔重修宗谱。此次续修的最大功绩在于团结散居各处的刘氏后裔,长、次二房合谱共修。刘基二十世裔孙台湾刘兆祥、温州师范学院郝兆矩分别作序。"本届修谱自应与昔日有所不同。旧谱中凡例、族规、山场、祭田、寿序等时过境迁资料及部分诗词,则大斧删削。虽然如此,仍不免芜杂,为保存资料计,不忍遽尔去之,为明主次,卷首分一二,卷首一,载明列祖传记、近代族中贤达传略及有关纪念性庙、祠、亭记等,其余资料则纳入卷首二。"[1]

1994年至2003年，参政公祠得到重建，并于1997年列为县级文物保护单位。

宗族力量是太公祭持续传承的核心和保障。祠墓维护、祖产维权、祭祀传承、文本申报、文献整理、宣传策划等，都必须依靠宗族的实力和体量，宗族精英的恒心和智慧。

[叁]地方祭祀

地方祭祀是指当地民众作为共同体对刘基的祭祀。在官方祭祀和宗族祭祀之外，我们很难看到独立组织的地方共同体对刘基的祭祀活动，但是我们从太公祭里看到了地方性。官方祭祀、宗族祭祀与地方祭祀的不同在于：官方祭祀属于圣贤人物崇拜和品官报功祭祀，圣贤人物因为超越常人而为众人所共同崇敬，代表"超越原则"，祭祀之时重在"尊"其所祭；宗族祭祀属于祖先崇拜，祖先为"我"的现实生命所自来，代表"现实原则"，祭祀之时重在"亲"其所祭；地方祭祀属于俗神崇拜，代表支配和控制的"未来原则"，祭祀之时重在"祈"其所祭。就太公祭而言，从祭祀对象看，我们发现了贤臣和祖先之外的地方俗神供奉；从祭祀人员上看，我们看到了宗亲和官员之外的地方民众及某些行业人员；从祭祀行为看，我们发现了凭吊行为和亲宗行为之外的许愿和还愿行为；从祭祀意识看，我们发

[1] 《刘氏宗谱·编者按语》。见《刘氏宗谱》卷首一，1993年重刊。

现了官方祭祀和宗族祭祀表现出的报恩意识之外的祈求意识；从仪式程序看，我们发现了飨食、分胙之外的巡城游神活动。

在前文的"刘基庙"部分，我们已经对庙制的地方性特色作了阐释，下面就神显、祭法、信众三方面介绍刘基祭祀的地方性。

（一）神显

神显（hierophany）是美国著名宗教学家米尔恰·伊利亚德（Mircea Eliade, 1907—1986）关于宗教的一个基本概念，意思就是"神圣向我们显示出他自己"。当刘基祭祀由人格走向神格的时候，民众就开始设置他的神显能力，让他显示出他自己。

刘基庙现刘基塑像（刘育贵 摄）

作为历史人物的纪念场所，一般没有塑像。据记载，曲阜孔庙在明万历年间有塑像，但全国各地的孔庙和文庙依然不许塑像。塑像是一种神显方式，它给民众具体可观的存在，与地方神庙的陈设形成同一原理，使偶像拥有神性，为民众提供膜拜对象。与一些历史人物的纪念馆一样，刘基庙后来有塑像，正是希望塑像比木主牌位更能突显其纪念对象。

在刘基庙的神案上摆着杯珓和诗签，这是民间用来祈求神灵喻示的主要工具。

杯珓是竹制的两片蛤状物，质地密实，每片都是一面平，代表阳；一面弧，代表阴。杯珓掷于地，会出现三种情况：一种是两片平面都朝上，称为阳；一种是两片弧面都朝上，称为阴；一种是一片弧面和一片平面朝上，称为圣。使用杯珓主要是显示神灵意愿。比如说请神灵六月十五日午时出殿巡境，问神灵是否愿意，如果愿意就赐给圣杯。若是重大的事情，一般通过增加掷杯祈显的难度来进一步确认神灵的意志。所谓难度就是增加阳、阴、圣的次数来降低重复出现的概率，如要求出现三阳三圣、九阳九圣，即连续三次或九次重复出现阳和圣，才算是神灵许可，这种可能性很小，有的时候一个月才掷出一次。根据《明会典》，品官家庙祭祀择日也用杯珓卜筮，但它的使用范围和次数非常有限。目前温州的宗族祠堂一般不使用杯珓。

诗签是信众祈愿时向神灵讨得的喻示。一般在竹筒里放置一定数量的竹签，每一根竹签都标明序号、凶吉和人物故事，信众摇得一签就可以请庙祝解签。庙祝会根据诗签、解签簿、人物故事和求签人的求签意向作出解释，提供建议。刘基庙共有一百签，仿观音堂的一百签编制，内容不尽相同，从第一签宋太祖登基始，到第一百

春祭巡游

签明太祖登基终。刘基庙诗签的始作时间和始作人不详，根据刘日泽先生的访谈，晚清民国时期已经存在。

每到初一和十五，以至四时八节，都有信众到刘基庙烧香祈愿，为此刘基庙安排专门的庙祝管理庙堂，为信众服务，每年的香火收入约四五万元。

塑像、杯珓、诗签、庙祝，是温州地区一个神庙的基本元素，这些有力地证明了刘基供奉的俗神化倾向。

（二）祭法

刘基祭祀在祭法方面的地方性，表现为太公祭名称的由来、宗

秋祭巡游

子主祭权的演变、巡城游神活动的出现、诞辰祭的隆兴等几点。"太公祭"是一个地方性的祭祖名称，由通用词汇转变为专用词汇。太公祭的主祭权在明代由世袭伯爵制决定，到清代形成轮值制，到现代形成超宗亲申请制，这一点将在下文阐述。在这里我们重点讨论巡城游神和诞辰祭所具有的地方性特质。

浙南地区的祭祖仪式一般有出主、参神、行初献礼、读祝词、行亚献礼、行终献礼、告礼成、辞神、纳主、礼毕读宗训等仪节，没有巡游过程。考察明代王庙祭祀、祭孔释奠、品官祭祖等，都没有巡游的仪节。

　　刘基庙祭祀有巡游活动，这一活动至少在清代中晚期已经形成，起源可能是将刘基的容亭从祭主的家中抬入庙里这一过程的仪式化。这一仪式程序与地方神祭祀的绕境巡游相同，逐渐被赋予了保境安民的意义。地方神庙有固定的管辖地域，一般称"境"或者"社"、"花"，祭神之际，要抬神出巡管辖境域，甚至扦插"界碑"，一路搜检逐耗，祭户沿路摆香案，设"拦路祭"纳福，而巡游一般不逾越境社地域。刘基祭祀开始于"启马祭"，即将容亭等从原祭主家里请出，送到庙里。这本来只是祭主轮值制的一个交接环节，却被信众赋予了保境意义，他们像对待地方神一样，沿路设香案纳福，放鞭炮迎神，从而使迎神主的仪式糅合儒、道内涵。巡游主队有容亭、神主、香炉、仪仗队等"奉旨祭祀"的祭祖内涵，而队前舞狮、队中马灯舞、队后滚龙，则体现了巫道的"逐耗"、"搜检"特点。巡游是祭祖活动祭神化的地方祭祀特征。

　　祭期安排的地方性表现在祭诞辰。根据《礼记》和《家礼》，祭祀本有定期。《礼记·祭统》曰："凡祭有四时，春祭曰礿，夏祭曰禘，秋祭曰尝，冬祭曰烝。"汉代祭祀是根据春夏秋冬"四时"安排的，规约为立春、夏至、立秋、冬至这四天举行。宋代四时祭祀的时间逐渐具体为每季的仲月，加上腊日和忌日之祭，还有岁时俗节的荐享，一直延续到明代初期。《明会典》的品官家庙祭时仪节要通过卜筮择吉日举行："凡四时之祭，用仲月。并于孟月下旬之首，择仲月

刘基700周年诞辰祭

三旬各一日，或丁或亥。主祭盛服，率兄弟子孙立于祠堂阶下，北面。置桌子于主祭之前，设香炉、香盒、杯珓于其上。主祭以下再拜讫，主祭焚香熏珓，祝曰：'某将以来月上旬某日，祇荐岁事于祖考。'即以珓掷于地，以一俯一仰为吉。不吉，再卜中旬之日。又不吉，则不复卜，而直用下旬之日。既得日，乃复位再拜而退。若腊日、忌日、俗节之荐享，则不必卜。"在四时中，春夏为阳义，秋冬为阴义，以类归并，形成春、秋二次大祭。明初的功臣祭祀时间，有记载的是关于徐达的"中山武宁王祭"。《太宗实录》记载："上谕礼部臣曰：中山王勋德之盛，国朝第一，百世不忘，自今正旦、清明、七月望、十月朔、

冬至，皆遣祭，著为令。"朝廷曾在洪武三十五年（1402）和永乐三年
（1405）两次遣官祭祀，都在七月，可见即使成令的一年五个祭期，
也会大大缩水。明代一些家族因为成员在外当官或经商的缘故，祭
期的安排已经难以按照礼制推行，项乔就在《项氏家训》中提出"酌
于时宜"、"参于情义"的规定："每岁凡元旦、初三日各祭其所在高
曾祖祢，而请始祖为之主；其冬至祭始祖，则惟始祖妣二位而已。其
清明祭于墓，端午、重阳俱止荐于祠。惟七月中元，则迁其高曾祖祢
之主而各祭于小宗子之家。"[1] 温州永嘉场英桥《王氏族约》规定：
"其祭以立春行之，余三时则荐……凡三时荐，以端午、仲秋、冬至
行之，如家礼之。"[2] 也是一种变通的办法。

　　根据民国刘耀东《南田山志》记载，南田祭俗以正月祠祭和清
明墓祭为主要祭期和祭式。"春正月上元前，各族皆祭祠堂。刘文成
公祠，夏正元日祀以太牢，仪节遵《会典》，甚隆重。子江西参政琏、
谷府长史璟，孙袭诚意伯鹰、刑部照磨貊配享；四世以下宗子，至袭
诚意伯孔昭，皆从祀。先一日祭文成公上七世，祀以少牢。刘忠节公
祠，夏正上元日祀以太牢，仪节亦隆。富刺史祠、徐忠勇公祠仪节尚
备，其他各族祭祠，仪节多苟简，惟皆僭用少牢。清明墓祭极重，墓
各有祀田，子孙轮年主祭，祭毕烹馂，大族有设数十百席者，其数世

[1]　[明]项乔：《项乔集》，方长山、魏得良点校，上海社会科学出版社2006年版，
　　第538页。
[2]　[明]王澈：《王氏族约》。王叔果补，《王氏家录》，温州市图书馆复印本。

刘基墓（刘育贵 摄）

相承。清明前后分日排祭，烹馐至七八日始毕……按：各族祠墓祭田，山中统计殆及万石，悉供烹馐之费，一岁所入数餐而尽。"[1]

民国以来，刘基庙祠祭祀主要安排元旦（大年初一）和农历六月十五（诞辰日）为春、秋二祭固定时间，形成很有地方性的祭期安排。大年初一祭祖是浙南的地方特色，在浙江南部的温州和丽水一带，至今大年初一是不准串门的，也不准走亲戚拜年，保留着拜庙、上祠、拜"新年"的传统。拜庙就是上村庙、地主庙烧香，这一天拜

[1] [民国]刘耀东：《南田山志》卷三《风土》。见文成县政协学习文史委《文成文史资料》第二十一辑，2008年版，第27页。

来文成与祭的各地刘氏族人（夏旭照 摄）

的庙越多越好，有些地方有"上八庙"、"上十二庙"或"上十八庙"
等绕境而拜的习俗。上祠就是祭祖，春祭一般安排在初一、初三或
初五至元宵节的某一天。拜"新年"是指长辈年前刚过世，亲戚要在
初一这一天过来拜年。初一的年节活动安排，说明这一天就是祭神
拜祖的日子，禁忌有其他活动。通过这一天的祭祀，得到胙肉和其他
祭品，作为新年礼品，才正式开始亲戚之间的拜年活动。拜年的礼
品一般为一刀肉、一包素面、一袋印糕、一袋油泡枣、一袋红枣、一
袋桂圆等，让亲戚们分享这些祭品，其实质是一种"馂余"的施惠活
动。由此我们认识到，刘基庙春祭是传承传统祭义的祭期安排，非

常符合《祭统》的本义。

刘基庙的秋祭安排在农历六月十五日、刘基的诞辰日举行，这是非常独特的现象。传统的祖先祭祀中，从祭祀对象个体考虑，有生日和忌日之祭，但那都是以"荐"的方式举行的小祭，且忌日往往重于生日。明代重视生日祭祀，见于《皇明祖训》的记载："凡帝王生日，先于宗庙具礼致祭，然后叙家人礼。"这一记载说明明代王国庙制有生日祭的传统，但也不是大型的祭祀活动，而刘基的诞辰祭祀却成为最大的地方祭仪，这是与祭礼不完全符合的。考其缘由，可以从两方面入手。其一，与民国时期祭孔时间的改变有关。民国时期祭孔由春秋二祭改为孔子诞辰祭。1913年袁世凯颁布《尊孔祀孔令》，将孔子生日农历八月二十七日定为"圣节"，1929年民国政府推行"孔子诞辰纪念日"。1934年开始的新生活运动将"孔诞纪念日"提升为由政府出面主办的纪念活动。其时就职于政府部门的刘耀东及其他刘氏精英以其政治敏感度，将太公祭比照祭孔，推高了刘基诞辰祭。《刘族大宗祭事须知》记载："中华民国20年11月3日，众议改定规式，兹将议决各条著为通例。自21年1月1日遵办。通例十条，一至九对此后事无关从略，惟十条是显祖六月十五日生辰纪念，遵照21年耀东主祭初定之仪式承办。"[1] 从诞辰祭出台年份和"生辰纪念"用词上可见，刘耀东等的规式改定，无疑受到了民国政府祭

---

[1]　[民国]刘耀东等：《刘族大宗祭事须知》。见《刘氏宗谱》首卷二，1993年重刊。

孔的影响。推行刘基诞辰祭,其一是进一步比照孔子,提高刘基祭祀的圣贤化程度;其二,因经济条件和地方神祭祀影响,南田祭祖有诞辰日荐食、墓祭传统,《南田山志》记载,南田风俗"节日及祖先忌辰诞日,皆荐时食。祭毕烹馂,诞日男席,忌日妇席",具体到将太公诞辰祭提升为主要祭祀活动,刘耀东认为"有以祖先生日为祭墓期,使子孙各知祖先诞辰,亦善法也"[1]。刘基诞辰祭与秋祭时间相近,最终合并为一次性举行,诞辰祭取代了秋祭。诞辰祭之所以能够取代秋祭,缘于刘基的俗神化运动,浙江南部的祭神习俗中,最盛神诞祭,因此也推高了刘基的诞辰祭。所以说刘基的春秋二祭,在祭期安排上富于地方性。

(三)信众

有一些社会群体把刘基作为行业神祭祀,一是秘密会党,二是士子群体,三是菇农,四是糖人担。

明清易代,世袭诚意伯刘孔昭成为南明抗清的核心人物。明亡,反清人士继续供奉刘基,以其智慧和忠义作为秘密会党的群体精神。相传中秋月饼是刘基抗元时聚集起事的信号。当时为了联络中原反元力量,刘基将"八月十五夜起义"的信息藏在月饼里,传发给各路义军,由此强化了中秋吃月饼的习俗。反清人士认为刘基的智慧可以翊助行动成功,因此崇祀其为神祇。天地会的神坛"木杨城"就供

---

[1] [民国]刘耀东:《南田山志》卷三《风土》。文成县政协学习文史委《文成文史资料》第二十一辑,2008年版,第27页。

学子祭拜群体（刘日泽 摄）

奉"伯温塔"，让他与诸葛亮一起享受香火，以期获得锦囊妙计。

刘日泽回忆："读初中时，国师庙[1]与南田中学相距不到百米，常与同学一起到庙里玩，果然国师公塑像非常威严，一个人不敢近前，只是远远地看。也听人说，国师公会保佑我们学习进步，到时能考上高等学校，所以同学们经常早晨三五成群到庙那里，说是复习功课，其实大都是拜刘国师。当时，在我的心目中刘国师是一个了不起的'神'而不是'人'。"[2]这一段回忆反映了士子对刘基的崇信心理。在浙江南部地区，能够为读书人所崇拜的神明很少，文昌信仰、魁星信仰到了明代中后期才在一些府县城和卫所城里兴起，市镇乡

[1]　国师庙：即诚意伯庙。

[2]　刘日泽：刘基二十二世孙，文成县刘基文化研究会秘书长。引文见其《散写刘伯温》，中国文联出版社2013年版，第281页。

村的庙宇俗神文化素质普遍不高，难有保佑考试的功能；士子群体也小，难有独立奉祀功名神的能力。于是如唐代中过进士的胡则被奉为胡公大帝，士子信奉其有护佑功名的神功。在刘氏家族中，礼生的遴选以士子为对象，无疑提高了太公祭的文化层次。地方士子视刘基为"戴学士帽、捧书本的太公"，积极参与太公祭活动。"学而优则仕"的地方官员更是景仰刘基，组织公祭，赋诗题刻，逐渐形成刘基的"功名神"形象。明代以来南田刘基庙的"谒庙"诗、文、联、匾近百，官员、文人的拜谒题咏成为士子信仰的基础。

此外，浙南闽东是著名的香菇产地，尤其以处州庆元、龙泉、景宁三县为著。南宋绍兴元年（1131），以庆元县吴昱（吴三公）为

菇神庙及碑文

代表的菇农创立了香菇砍花法栽培技术，从选山、择木、伐树、砍花、蔗衣、惊蕈，到采收、烘焙、存储等，形成了一整套完备的生产流程，景宁县成为世界人工栽培香菇的发祥地。由此形成的香菇文化包括香菇生产、香菇销售、树契碑、菇行、菇帮公厅、菇寮语、菇民戏、菇民武术、菇神、菇神庙等多层面的内涵。相传刘基曾经在朱元璋素食礼佛斋戒时，以清碗香菇和香菇豆

腐汤进献，博得朱元璋赞誉，钦赐处州百姓伐木种菇，大开菇山菇场。从香菇进贡开始，历史上每年有约三万人从事蕈业。从处州出发，菇农奔波于福建、江西、安徽、广东、广西、湖南、湖北等十多个省、一百多个县。由于吴昱和刘基的重大贡献，当地人立菇神庙供奉两个神明牌位，一为"西洋祖殿吴三公之位"，一为"青田刘伯温之位"。英川镇包坑口村三合堂菇帮公所里的菇神庙就供奉着吴三公和刘基，并有《三合堂碑》记载。[1]菇农行业神崇拜是最有地方性特征的区域崇拜。

自古以来，浙东南地区的行贩靠挑糖人担，一路收购废品，贩卖零食和针线，谋得生计。相传朱元璋火烧功臣阁后，刘基逃脱，得一挑糖人担的老人相助，换得衣服和道具，隐姓埋名，一路靠挑糖人担度日。因为刘基捏糖人、吹糖泡手艺好，又肯教习同行，便被尊为"糖人担祖师爷"。这也是传统行业文化建设的地方性习俗。

社会群体对刘基信仰习俗的形成，完全将刘基祭祀推向了俗神祭拜的境地。

---

[1] 陈关福：《景宁"中国香菇之乡"的由来》。见浙江省政协文史资料委员会编《浙江畲族百年实录》，浙江人民出版社2013年版，第304页。

四、祭祀组织

祭祀人员形成祭祀主体，按沿袭祭祀传统、实施祭祀环节、完成社会交际等环节划分，可分为礼生、祭主、宾客、观礼、杂役等多个群体。主祭和礼生是形成祭祀组织的核心力量，也是维持祭祀传统的权威人士。

四、祭祀组织

[壹]祭祀人员

祭祀人员形成祭祀主体，按沿承祭祀传统、实施祭祀环节、完成社会交际等环节划分，可以分为礼生、祭主、宾客、观礼、杂役等多个群体。

礼生是主持祭仪、传承祭祀传统、实践祭祀仪式、引导祭祀主体的仪式专家。梁章钜《称谓录》云："今赞礼者为礼生。"[1]清代官修《六部成语》解释"礼生"一词为："祭祀圣庙及先贤祠堂，在旁提倡（唱）起、跪、叩首诸仪之员，曰礼生。"[2]礼生起源于巫觋。"古者民神不杂，民之精爽不携贰者而又能齐肃衷正，在男曰觋，在女曰巫，是使制神之处为次主而为之牲器时服，而后使先圣之后之有光烈。"[3]这里提出了早期礼生产生的原因、素质资格、职责和作用。礼生在神、民之间起媒介作用，由"精爽不贰"、"齐肃衷正"的男女担任，在祭祀过程中对神位的布置、牲品的审定、礼器的处理、

[1] [清]梁章钜：《称谓录》卷二十八，岳麓书社1991年版，第358页。

[2] [清]《六部成语·礼部成语》。见内藤乾吉原校《六部成语注解》，浙江古籍出版社1987年版，第90页。

[3] 史延庭：《国语》，吉林人民出版社1996年版，第127页。

时辰的确定、服装的要求作出决断，目的是为了光烈先圣、永保子孙。《周礼》中"巫觋"的职能为"春官"所代替，"春官"中的最高礼官为"大宗伯"："帅其属而掌邦礼，以佐王和邦国"，"凡祀大神，享大鬼，祭大示，帅执事而卜日宿，视涤灌，莅玉鬯，省牲镬，捧玉粢，诏大号，治其大礼，诏相王之大礼"。[1]秦朝改春官为奉常；

列队礼生（刘日泽 摄）

汉代改为太常，太常卿位列九卿之首；唐代在太常寺下设礼院；宋承唐制设置礼院；元代礼生和乐工归为一类，有专门的户籍；明代设神乐观，礼生一度由道士为之；清代礼部、太常寺、乐部都没有礼生，国子监设有礼生，负责教习和赞相礼仪。

其实，在古代祭祀过程中，礼官和礼生应该有所不同和分化，礼生也有王朝典仪职业礼生和地方非职业礼生的区别。在地方典仪中，也有一些王朝特意设置的专业官职，履行礼生性职能，如特授的

[1] 贾公彦：《周礼注疏》卷十七。见《十三经注疏》中华书局影印本，第763—764页。

左右引唱（刘日泽 摄）

五经博士、袭封的伯爵等，主要起祭祀官的作用。

　　根据厦门大学刘永华教授的研究，"礼生"一词最早见于东汉应劭所著《汉官仪》。该文献记载："春三月，秋九月，习乡射礼，礼生皆使太学学生。"可见当时的礼生是由太学生临时充任的。唐代"太常寺、礼院礼生各三十五人"[1]，指的应该是官方专职性礼生。中唐以后随着书仪编撰的逐渐兴起、伎书（术）院教育的不断扩大和礼法的庶民普及化进程，作为书仪和仪式专家的礼生群开始形成。宋代推行《政和五礼新仪》，发现开封等地大户细民宅居"无厅寝房廊之制，

[1]　[宋]欧阳修、宋祁：《新唐书》卷四十八，中华书局1975年版，第1242页。

无阶庭升降之所"，命令"礼生教习，责其毕备"。[1]当时的礼生应该属于地方政府的职员。元代出现"礼乐户"，太常寺大乐署"掌管礼生、乐工四百七十九户"[2]。《元典章》记载礼部等规定："本部议得各路礼生，不须创设，拟合于见设司吏内，不妨委差一名勾当。"[3]说明元朝的地方礼生为非专职官员的仪式专家。明清时期的礼生，包括赞礼生、通赞、引赞、亚赞、读祝生、乐生、舞生、捧帛生、捧爵生、捧酒胙生、接福胙生等。

明代太公祭的礼生人员不见记载。清代根据《刘氏宗谱》记载有礼生10人，其中长房2人，亚房8人。清代太公祭礼生的资格认定由浙江省布政司发文，康熙十三年（1674）确认2名，其后陆续发文。太公祭礼生一般由宗族内生员及以上的文化人担任，这一资格认定的传统一直延续到民国时期，在民国时期没有官方的礼生认定程序。在太公祭中，祭天礼生和祭祖礼生有资历差异，分别选任。

根据民国时期《刘族大宗祭事须知》和20世纪80年代恢复祭祀的安排，礼生称谓和职责基本情况如下：

　　大通赞：2人，也称大总理，通管诸事，具有总指挥的地位。

---

[1]　《宋朝大诏令集》卷一四八。见《续修四库全书》本，第6页。

[2]　[明]宋濂：《元史·百官志》，中华书局1976年版，第2218页。

[3]　《大元圣政国朝典章》卷二八。见《续修四库全书》第787册，第306页。

内敷：2人，掌写对联、祝文、祭帖，排祭礼、束帛、金银山，认牌位、菜蔬碟。

外敷：2人，掌借器物，指点祭祖，及散饮筵席，祭时点灯、执爵、炙肝、奉肝。

引赞：2人，引领祭主及桌案唱。

宣祝：3人，中堂、东厅、西厅各1人。

宣嘏词：2人，由族长担任或由大通赞代。

赞礼生：30人，负责桌案上香、烛、酒，维持祭奠秩序。春祭赞礼生10人左右。

鸣钟击鼓：2人。

吹打乐：5人不等。

黄卷宣祝

执爵：2人。

捧帛：2人。

　　这里的内敷、外敷相当于亚赞，作为通赞的助手，分管内、外祭祀事务；执爵和捧帛生作了具体的安排，而捧酒胙生、接福胙生没有具体落实；乐生不成规模，而舞生不见。

　　太公祭的主祭在不同的历史时期应该有不同的安排。明代从刘基长孙刘廌袭封诚意伯开始，主祭就应该是宗长子，袭爵的主要目的就是为了承祀，历世的袭封诚意伯都充任了主祭的角色。在有明一代，刘氏亚房出了很多人才，都有一定的功名和官职，在刘基文化建设上发挥的作用更大，刘璟、刘貊等等无不如此。但明代品官家庙的要求是"长房立祠，支房从祭"，而家祭的一个普遍现象，是长房主祭，支房主事。项乔、张璁等官宦家族无不如此，于是就出现了"祭起于义"的思想，没有官称就没有家庙及其祭祀，支房官称裔孙不主事就不能祭祀，而支房官称裔孙主事却不能主祭。于是"祠虽为小宗而立，礼当以大宗为重。凡祭，大宗子明主始祖之祀……小宗子权不得而专也"[1]。在宗长子主祭的仪式下，官称裔孙和地方官员及特遣官员应在陪祭之列。

----

[1]　[明]项乔：《项乔集》，方长山、魏得良点校，上海社会科学院出版社2006年版，第534页。

　　清代、民国时期，刘氏实施祭主轮值制。《刘族大宗祭事须知》
记载：

　　　　主祭：3人，为上下三年祭主，正祭主、东祭主、西祭主，填名。
　　　　陪祭：若干人，祭主合家、支派代表和嘉宾。

　　可见不再推行祭祀宗长子制度，这完全是世袭爵位取消以后因
祭祀经济来源发生变化而产生的变异。宗长子主祭规定的取消提高
了礼生的地位，所以清代、民国时期，刘氏家族一直规定遴选文化
人担任礼生。

三主祭下拜

　　从祭祀的杂役种类及人数，可以看出一次仪式活动所需的人力和物力。他们为祭祀的有效举行提供保障，虽然在地位上不及礼生，但是在仪式操作上同样不可或缺。民国《刘族大宗祭事须知》排列杂役种类及人数如下：

　　内厨：1人，办羹饭、切大肉。

　　外厨：1人，烹调熟食。

　　宰夫：2人，闲时帮内、外厨，又值铳。

　　行堂：8人，负责上茶、酒、点心、羹饭等，抬太公、运器物、排桌、奉羹饭、分杯筷、送菜食上桌并收撤。

行堂进馔（刘日泽 摄）

瘗毛血：6人。

值香灯：1人，并发帖。

煮饭：2人，并做豆腐。

烧茶：1人，并扫地。

担水：1人。

掌酒：2人，并洗碗。

管人情：1人。

管祭器：1人。

兜夫：2—4人，暇时帮扶别事。

助夫：2—4人，帮祠中一切事。

在目前的太公祭祭祀活动中，动用的人员远远超过上述的三十多人。2013年太公祭时执事共三十七人，巡游时执牌、提灯、抬轿、抬香炉、抬容亭、乐生、舞龙等人数就在二百人以上，餐饮服务等人员不计。

[贰]祭祀组织

根据明代五经博士、世袭诚意伯的官爵安排，明代的太公祭应该基本遵循宗子主祭制的原则，同时亚房有官阶的裔孙所拥有的祭祀地位也不容忽视。我们没有更多的文献资料来论证明代太公祭的组织，但官方的不时参与、伯爵的祭祀权和俸禄，基本上可以保证祭祀的"一品家庙"规格和这一规格所需的经费开支。

清代到民国，世袭伯爵不再，俸禄取消，太公祭的经费开支成为问题，宗族祭田就成为祭祀活动开支的主要来源。在探索如何使用祭田的过程中，形成祭主值年制，即刘氏宗亲自愿申请或轮流排序，根据宗族祭祀规制负责该年度的祭祀活动和开支，并拥有祭田耕种或收租权。值年的有效时间从当年的农历十二月三十日（小年二十九日）到来年的农历十二月二十九日（小年二十八日）。从轮值制的推行情况看，已经没有大宗、小宗的地位区别，主要在大宗、小宗之间轮换，后来外姓也可以充任祭主。

1985年恢复太公祭，至2016年已经全部安排好主祭名单。除了1985年由刘基庙管委会集体祭奠和2012年由刘基祭奠管委会集体祭奠之外，共安排主祭四十七位。刘基庙管委会和刘基祭奠管委会是在县政府及相关部门指导下成立的以刘氏宗亲为主体的民间管理机构。2003年由十五人合祭，2007年由三人合祭，2009年由二人合祭，其余年份都安排一人主祭。这些主祭中，刘姓三十七人、金姓三人、徐姓一人、林姓一人、周姓一人、魏姓一人、赵姓一人、杨姓一人、朱姓一人，异姓祭主计十人，占20%以上。祭主主要来自文成县的南田镇、百丈漈镇、西坑镇、大峃镇等地以及原籍文成县的美籍华人，祭祀规模已经扩大至整个文成县。刘日泽介绍《祭祀刘文成公祭主芳名》时说："此表系1985年恢复太公祭以来的祭祀登记表。太公祭不分姓氏，自愿报名，由祭奠管理委员会统一安排祭祀年份，现已经安排到2016年。"[1]

1985年至2016年太公祭祭主名单

序号	年份	祭主	住 址	备 注
1	1985	刘基庙管委会		集体
2	1986	刘益清	南田镇新宅村	
3	1987	刘开省	龙上村	
4	1988	刘祖怀	新宅村	
5	1989	徐惠民	（寨垄村）现住伯温路	
6	1990	刘玉祥	大峃镇	
7	1991	刘幼聪	谢塘岸村	
8	1992	刘化孚	新宅村	
9	1993	刘日洪	坑边垟村	
10	1994	刘际梳	大峃镇	
11	1995	刘日侯	百丈漈镇篁庄村枫湾头	
12	1996	刘宝瑞	百丈漈镇篁庄村枫湾头	
13	1997	刘化洪	百丈漈镇篁庄村西山背	
14	1998	刘洪尧	谢塘岸村	
15	1999	刘有年	新宅村	
16	2000	刘悦图	横山村	

[1] 刘日泽：《散写刘伯温》，中国文联出版社2013年版，第280页。

序号	年份	祭主	住　址	备　注
17	2001	刘义超	南田村	
18	2002	刘玉良	新宅村	
19	2003	刘化欣	南田村	15人合祭
		刘松庭	南田村	
		金元振	南田村	
		刘宝怀	新宅村	
		林长欣	南田村	
		刘义桐	南田村	
		金碎茶	南田村	
		刘化隅	南田村	
		刘化清	横山村	
		周建余	南田村	
		魏佐谦	新宅村	
		刘际球	新宅村	
		刘化洪	南田村	
		刘孟良	南田村	
		刘世明	南田村	
20	2004	刘必昆	南田村	
21	2005	刘开德	马上村	

序号	年份	祭主	住　址	备　注
22	2006	刘化妙	百丈漈镇镇头村	
23	2007	赵学义	大峃镇	3人合祭
		刘聪玉	大峃镇	
		刘玉梅	大峃镇	
24	2008	刘际川	西坑镇西坑村	
25	2009	刘孟良	南田村	2人合祭
		杨洪斌	南田村	
26	2010	刘汉武	百丈漈镇西段村	
27	2011	刘际欣	南田村	
28	2012	刘基祭奠管委会	南田镇	集体
29	2013	刘春筹	大峃桥头井	
30	2014	金碎茶	南田镇南田村	
31	2015	朱蕴高	南田镇横山村岗背	美籍华人
32	2016	刘宪村	南田镇高村村	

　　祭主负责的祭祀活动内容包括：日常和四时八节的荐祭；大年三十的迎祖祭和贺宴；大年初一的春祭；清明节前后的墓祭；祖神诞辰日的秋祭；祖神忌日和中元节的寺庙祭（明代以后未见记载）；过年前一天的上七祖祭和送太公祭；第二年的刘琏或刘

璟支房祠祭。现对有多少祭田可以用来应对以上开支的具体数据掌握不足，因为1993年修辑的宗谱已经删去了这一内容，旧谱未见。访谈所得的数据是六亩，但六亩的田租似乎还是难以应对。不过，所有的祭主都把值年的事情看作一种荣耀和赐福，相信会有收支之间的积余。

祭主值年制完全符合"侍死如生"和"祭如在"的家礼原则。其中的象征物是刘基真容图、香炉、宗谱盒、金印、兵书铁券。从祭主迎祖入室的那一刻开始，祭主的家就相当于祖神的"寝殿"，祖神入住寝殿，就开始由祭主日常奉祀，即裔孙如侍奉活着的长辈一样奉祀先灵："显祖在家朝夕奉面盂水，点香灯，进清茶。每逢节到敬陈羹饭，有新敬荐。"[1]寝殿式奉祀虽未像皇陵寝殿每日由专人侍奉日常生活起居那么规范、烦琐，但已经有了"侍死如生"的尽孝精神的实质。轮值制也符合浙南地方的养老方式。当地兄弟分产立家、父母丧失劳动能力之后，一般也都采用轮值赡养制，即父母在议定时间里入住轮值儿子家中颐养天年。至于春秋例祭，体现的是所有裔孙的孝思，在"祭如在"的例祭活动中，祭主更有"先祖佑我"、特别亲近的情感体验。

春秋二祭是太公祭的主要祭典。春祭一直由宗族举办，秋祭有

---

[1]　[民国]刘耀东：《刘族大宗祭事须知》，民国16年（1927）撰。见《刘氏宗谱》卷首二，1993年重刊。

时由朝廷选派官员举办，是最隆重的仪式。但我们已经无法全面了解明代的祭祀仪式，即使是清代的仪式也无法完全了解。民国19年（1930），刘耀东根据前代祭祀回忆制订的《刘族大宗祭事须知》，应该是既承袭旧制、又规范当时的祭仪记录：

> 礼莫大于祭，祭也者，所以申孝思教化理者也。我显祖文成公祠，自明迄今，祀以太牢，体制隆重，然礼仪相沿，撰之经义，间有失焉。而最可鄙者，烹饪之席，群议丰菲，此俗谚所谓活太公难祭也。先大父碧梧公，亲历其难，曾尝命我先君醒斋公云：大宗祠旧有规式，简略不足为法，当将祭事初终，详悉记之，俾众亲览，庶主祭者得有遵循。先君受命，凡祭事之仪节，祭物之名色，烹饪之食品，及祭产之收入，靡不记录，名曰：祭事须知。此本则叔大父笃斋公所重抄者也。
>
> 今岁庚午，耀东忝主祀事检阅，此编犹忆髫龄目睹，先君子与先叔成斋公对坐详思，一一记载，而历历如昨日也。因记数言以告后人。
>
> 中华民国十九年十月　耀东敬记
>
> 此编由主祭者递相授，以资承办，允宜珍重，勿令破损，切勿使俗子伧夫任意乱翻，是为至要，倘有遗失，重罚不恕。
>
> 本族众议

　　主祭和礼生是祭祀组织的核心力量，也是维持祭祀传统的权威人士，以不同的分工实践祭祀的传统。

五、祭祀仪式

祭祖仪节的核心是迎神、降神、进馔、酌献、侑食、受胙、辞神、馂余等程序和环节，王府庙祭、品官庙祭和庶民祠祭等万变不离其宗。纵观太公祭仪式过程，其实质就是奉侍先人宴饮的一个虚拟过程。

五、祭祀仪式

[壹]春祭

根据刘耀东《刘族大宗祭事须知》和近三十年的祭祀安排，春祭为三天，分别举行上祠堂、巡游、祭上七祖、接太公、祭太公五项祭仪。从祭祀日程看，第一天上祠堂、巡游，第二天祭上七祖、接太公，第三天祭太公，第三天才是祭仪重点。从祭祀的程序看，春祭也是新、旧祭主交接的仪式。

（一）上祠堂

农历十二月二十九日（小年二十八日）为上祠堂日，值年祭主将太公真容、牌位、香銮等从家中送入太公庙。仪轨如下：

> 早饭后，放头炮、二炮、三炮。起马祭，或用猪、羊礼物行三献礼，无定规，祭毕乃点香火，灶君香灯。随起马，外敷设送篱填，助夫送执事架，行堂抬太公，宰夫赶猪牛羊，吹鼓手（宣六名分二班），高灯、锣，凡执事俱排至祠堂。每人发赏钱　文，龙头对倍。

> 祭主抱谱，祭妇用篷轿，子抱印及诰轴，孙抱剑及金书铁券。总管以上五人，皆坐轿，随太公轿后。祭主、祭妇从此日起至元旦午

祭主坐篙填上祠（刘日泽　摄）

前不茹荤。到祠放三炮，击钟鼓，祠内亦放三炮，接太公轿于中堂左边。凡印、剑等俱排轿前面。

宰牛及猪羊，俱放炮、击鼓，付纸钱一帖。

凡猪牛羊之色都要纯，间色者不许用。

宰猪羊时皆用碟，取其血毛，用血者示特杀也，用毛者示纯色也。四蹄及头尾皆留毛少许，亦所以示纯色也，口皆果衔，蹄角皆用，香插其鼻。

行起马祭时，祭主念《上祠祝文》：

自迎祖驾，合室光荣；于时曾几，又树行旌；攀辕暂驻，难遂私情。上祠此日，致祭来正；庶俾末裔，丕振家声；愿得世世，堪奉粢盛。[1]

　　尚飨

这样，旧的值年祭主就完成了一年的侍祀任务。

（二）巡游

当日下午，排列队伍抬太公巡游。刘耀东的《刘族大宗祭事须知》内无巡游内容，刘日泽的《太公祭》却有此项。巡游当为告知乡里的一种变通，也许是太公地方神化的民众需求。巡游使春祭原先具有的家祭私密性和封闭性得到突破。

巡游的路线安排为从刘基庙出发，沿诚意路转伯温东路，至伯温中路、伯温西路，回到刘基庙，按逆时针方向行进，全程约一个半小时。按照民俗习惯，逆时针行进的路线是祭神活动的安排。沿途乡亲不分姓氏，都会设香案、点香灯、放鞭炮迎接。巡游队伍为："圣旨祭典"大旗；"南田伯府"高灯；鸣锣开道；"肃静"、"回

---

[1] 钱玄、钱兴奇编著《三礼辞典》【祭无盛】条：不耕者，祭祀时不能用黍稷作祭品。《周礼·地官·闾师》："凡庶民不畜者祭无牲，不耕者祭无盛，不树者无椁，不蚕者不帛，不绩者不衰。"郑玄注："掌罚其家事也。盛，黍稷也。椁，周棺也。不衰，丧不得衣衰也。皆所以耻不勉。"盛，本谓黍稷在器中，引申为黍稷。凤凰出版社2014年版，第754页。

巡游牌匾（刘日泽　摄）

避"牌匾；"开国太师"、"翊运修正文臣"、"资善大夫"、"护军诚意伯"、"御史中丞"、"弘文馆学士"、"太子赞善大夫"、"太史令"等朱漆衔牌八块；青龙、白虎、朱雀、玄武旗幡四面；执刀、戟、矛、锤，穿盔甲明代武士方阵若干人；持尚方宝剑一人；持圣旨一人；捧护军诚意伯金印一人；抬容亭八人；抬香亭四人；祭主祖孙三代坐三轿；东祭主、西祭主、赞礼生员穿礼服随队；各宗亲代表队；披红乡亲朋友队，还有敲锣鼓、鼓琴箫、吹唢呐、放鞭炮等人员。

2013年秋祭大典也安排了巡游仪式：早上6：00全体人员集中于南田中学操场换装、排队；7：00按序出发经南田主要街道，最后

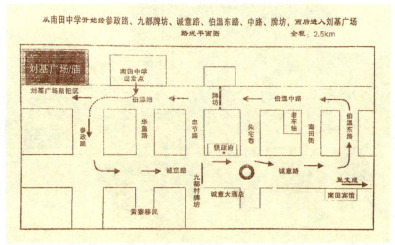

从南田中学开始经参政路、九都牌坊、诚意路、伯温东路、中路、牌坊，而后进入刘基广场
路线平面图　　　全程：2.5km

秋祭巡游路线图

集合于刘基文化广场，线路全长2.5千米；9：00结束巡游，按序集结于刘基文化广场。队伍排序："肃静"、"回避"牌四人；"先锋"长号四人；"刘府"高灯二人；大对锣六人（九响）；銮驾二十人；"圣旨祭典"杏黄旗一人；"圣旨"一人；尚方剑、印信二人；大明朝女官二十人（女性，提宫灯）；抬香炉四人；抬香亭四人；金殿武士八人（男性、朴刀）；爵位牌八人；乐队，包括大鼓五人、癸锣三人、锣二人、钹三人、小锣二人、堂鼓一人、唢呐四人（大、低各二）、笛四人（长、短各二）、笙八人，计三十二人；四方旌旗四十人，包括"青龙"十人、"白虎"十人、"朱雀"十人、"玄武"十人；礼生领各代表队代表二十人；舞龙队伍五支，每支四十人；自愿参加的刘氏后裔。

巡游舞龙搜检（刘日泽　摄）

巡游队伍中的车灯（雷忠义　摄）

2014年笔者现场观察了巡游队伍，基本上保持2013年的格局和规模。需要特别强调的是，队前有舞狮一对开道，队尾有花布龙一条搜检。

这样的队伍安排既有官员出衙的阵势，又有俗神巡境的功能。然而从明代品官家祭考察，并无巡游的案例；从地方村庙祭神仪式看，却一直保持着巡境保平安的传统。

（三）祭上七祖

大年三十（小年二十九日）辰时，主祭、赞礼生、执事人员在追远祠致祭太公上七祖。祭仪陈设为：

是早，放头炮催相帮人吃饭，三炮吃饭。

早饭后放头炮，祭时放三炮，击钟鼓。

立香案在祭礼棚前，照屏、阑干[1]、衣果盒、狮炉（插香）、花瓶（插花）、银爵烛台一对，是日点绿烛（红重三斤），金字"开国文臣第一，渡江策士无双"。祭礼棚两边安地台一对，点红烛，间亦然。祭礼棚前安一衣架，大灯笼四对，俱点十丁红烛，奉旨祀典，开国太师诚意伯庙。

"南田伯府"此对大灯笼后可揭回家用。

---

[1] 阑干：围在桌角的可折叠雕花木栏。

上七祖各席神位祭品（刘日泽 摄）

分三班拜：正主中，前年左，上年右。[1]

祠左壁安一面盂架，巾一，香案桌下安一沙盘，并三脚茅又蓬蒿。

七代神位和祭品摆设：

主案：

爚公　延庆公　尧仁公　廷槐公　光世公　集公　濠公

配案：

[1] 此处引自民国时期资料，“前年”即现在所说去年，“上年”即现在所说前年。

文成公

神位前羹饭设八筵（每筵用一杯放在碟内，献酒用）。以上每席阑干一副，烛台一对。桌帏一幅，椅二把，坐褥二个。惟文成公配飨一席，椅一把，（虎）皮一张，以祝文中配飨不及三祖妣。至于牌位则又各安椅上。香炉亦各安桌上头。每桌用帛三束连四纸，代纸钱一帖。

桌面第一行，自外横排，笾豆五起，其式为小碗内安三寸长竹筒，其筒用红纸封好，黑纸渡边。筒内安糖果，如梅干、李干、长梨干之类；筒外碗内用花生、瓜子、松豆、饼等以实之。

第二行横排，六味五小碗：鸡、牛、猪肉、火腿、鸭、香狸。

第三行横排，寒食五中碗：猪肉、炸鱼、牛肉、胶冻、全卵，内填也可。

第四行横排，五花魁：初献糖糕，亚献牛肉，三献鸡肉丸，侑食饭。正案一筵用全鸡，余七筵如无全鸡，则用鸡头或爪翼装成亦可。

第五行，初献奉卵汤，亚献奉鸡肫，三献奉面汤，侑食奉茶。宜用小花碗，近有用小杯者，无乃太简，不敬。

第六行，酒杯、箸各用二，有二氏者用三，三氏者用四。馂侑食时，进以后，每碗奉炙肝一。是日祭礼棚宜用金银锭二券，祭毕焚化。用次等羊、猪，排位为羊左、猪右。

祭上七祖《祝文》式：

维

中华民国某年（现当改作公元某年）岁次某某十二月朔越二十九、三十日，某某祠下主祭裔孙某某，谨以羊一豕一羹饭香帛楮镪清酌果品之仪，敬昭告于显祖明开国翊运守正文臣资善大夫护军诚意伯赠太师谥文成上七府君之位（不必写妣）前曰：

文正挺生，本先人之积累，于公阴德，垂奕世以光荣。古往今来，巨族名家，必推所出，宗庙内追养继孝，宜溯其源以故历传，承祭皆当仰体祖心。

上世贻谋，实为吾宗松岳，新庙聿兴，先期致祭两朝之七代式凭，自元溯宋，三献锡九重弗替；由明迄今，虔修芹藻，共奠一堂，敬请

始祖宋授宣抚都统少保讳延庆公府君，夫人陈氏；

二世祖宋授兵马总管开府仪同三司录尚书事武僖王讳光世府君，夫人许氏；

三世祖宋处士由临安迁居丽邑竹洲讳尧仁府君，夫人吴氏；

四世祖宋处士由竹洲迁居武阳讳集府君，夫人陈氏；

五世祖宋授翰林掌书讳浚登府君，夫人常氏；

六世祖宋太学士舍明封永嘉郡公讳尚德府君，夫人梁氏；

七世祖元授遂昌教谕明封永嘉郡公讳晦如府君，夫人富氏。

左昭右穆，同享一堂；宗功祖德，永世不忘！

伏惟尚飨

（四）接太公

三十日祭过上七祖，举行接太公祭仪。接太公是指从庙里将太公接到新祭主家里奉祀，表示新祭主一年轮值工作的开始，对新祭主来说也意味着接太公回家过年。其仪式为：

> 香案一座，设天井左边，向略偏。用凳填使桌高，桌上立香碗一个，阑干一副，照屏一字，桌衣一个，烛台一对，桌下安菜米及水，取饲马之意。
>
> 香火灶君及本家诸先人香炉皆点香灯。
>
> 拈香接祖驾，随扶入室。男丁衣冠肃整，出大门外接。女丁跪右

新祭主摆香案迎接太公神（刘日泽 摄）

阶上迎接。祖驾进门放三炮。此时送祭者须早落篼[1]，暂立门旁，安定祖舆，贴住中堂正壁。迎接送来的祭主父子到天井，放三炮，须用毛毯铺中堂阶上，行礼。既毕，带人入后宫或两轩请坐。茶点须办素点，待祭主余人酒卵。

凡值锣、值铳、高灯、送祭帖、送篼填、抬太公篼诸人，有卵用卵，无则肉丸酒（招待），吹鼓手加发赏钱。又，送执事架之人，亦有卵用卵，无则肉丸酒（招待）。

设羹饭一筵，或用猪羊、果品、金银山，或用猪头、金银锭、帛三束，行三献礼。如果本家缺礼生，即请送来诸人之能谙于礼者亦可。

祭毕，送来之祭主敬祖舆一揖，入仪门阶上，答所接之礼生亦一揖礼而归。皆当父先子后，到头门复一揖。新祭主之属下房者，须于此时诣忠节公祠拜年，备香烛纸。归到家，凡背旗纛者发赏钱　文，坐篼者赏兜夫红包。

元旦早饭兜夫亦糖糕肉，午刻又宜稍丰，用方肉。

是日之早，命兜夫及抬坐篼者到家吃早饭，至晚又命抬归。

显祖在家，朝夕奉面盂水，点香灯，进清茶。

每逢节到敬陈羹饭，有新敬荐。

生辰六月十五日。

---

[1]　篼：文成山区一种二人抬的简易行具。

忌辰四月十六日。

据元统[1]元年进士录，公生于六月十五日子时。

新祭主《接驾祝文》如下：

自惭株守，忝列裔孙，奥推族举，俾奉晨昏，恭迎祖驾，喜庆盈门，虔陈蔬食，特具鸡豕，清香一炬，沽酒盈尊，伏惟昭格，俯鉴心源。

尚飨

（五）祭太公

大年初一祭太公，是太公祭春祭仪式中最隆重的一环，亦是把春祭推向高潮的重要环节。新年的早晨，兜夫们抬着祭祀总管到刘基庙，总管将红包分发给每一个后勤人员。根据晚清的规矩，内外敷每人八十文，内外厨每人一百文，行堂每人六十二文，宰夫每人六十文，余各四十六文，饼果每人一盘，蒲鞋每人一双，吹鼓手共一百二十文，再给余果一大盘。这些支出都由新祭主负责，要求体面的祭主会给得更多。

总管在各神位前点上香灯和香案上的大灯，这些灯都要用红烛来点。点完灯才能打开大庙正门，先放三个大炮（即炮仗），再燃放

---

[1] 元统：即宣统。

刘基神案陈设（刘日泽　摄）

五百响的子炮，又燃放三个大炮，然后撞击左右二轩廊的钟鼓。在民间，炮仗往往具有驱逐、送祛、告示的含义，而鞭炮具有迎接、庆贺的意思，钟鼓齐鸣营造出喧闹欢庆的氛围。

早饭后，再放头炮，将毡毯铺于中堂，点起"交龙烛"迎接祖神。迎神的时候，新祭主、本年祭主父子出头门外，礼生则在仪门，如新祭主属上房，则下房的礼生立在前面。

祖神到庙，放三炮、击钟鼓迎接。

在春祭大典中有三位祭主：第一位是本年度值年主祭，也就是今年祭田的耕种者和春祭的出资人，他在祭仪中居于中央位置，又称正祭；第二位是旧祭主，即去年祭田的耕种者和春祭的出资人，他

礼生审牲（刘日泽 摄）

在祭仪中居于左边位置，又称西祭；第三位是前年祭田的耕种者和春祭的出资人，他在祭仪中居于右边位置，又称东祭。这样的安排非常科学，东、西祭作为过来人，具有监督和指导作用。

新祭主、礼生和坐轿的与祭者都是贵客，要先请他们用点心，即吃热的肉丸酒。用过点心，总管要带新祭主遍看祭礼器物，即"审牲"，用意是监察祭品和祭器是否整洁、规范。在审查祭品的过程中将灯光点亮，放三炮，击钟鼓，祭祀仪礼开始。

祭祀过程为：初献，正祭主通拜；亚献和三献，分拜正案三席及两宕，最上各一席，是正祭主拜，余则由二祭主拜；侑食，则正祭主又通拜；辞神，礼生并拜，乃焚祝文、束帛、金银山等；礼成，放三炮,击钟鼓,礼生共向三祭主贺喜三次,祭主复向诸礼生谢情;撤班,送新祭主及诸领祭人,放炮,击钟鼓,正祭主父子送至大门外一揖。

赞礼仪式如下:

左通赞唱:执事者各司其事。

右通赞唱:瘗毛血。

左唱:主祭者盥洗。

左唱:主祭者就位。

右唱:与祭者皆就位。

左唱:行参神礼,鞠躬,[拜兴四次]平身。

左唱:主祭者诣某某某神位前告词。

右唱:焚脂。[引赞者、祭主至神位前]

右唱:跪。[若祭主不能自告,引赞者低首代告]

词曰:承祭裔孙某某某,谨以牲礼、羹饭、果品之仪,致祭于某某某,敢请尊神降居神位,谨告。

引唱:俯伏,[兴拜三次]平身。

右唱:复位。

左唱:酹酒。

右唱:俯伏。

左唱:[拜兴三次]平身。

(按:以上从上香起,本皆是引赞唱。因有三祭主之拜,故稍变之。)

左唱:主祭者诣各神位前行初献礼。[引赞者引至各神位前]

左唱:跪,献帛,奠酒。俯伏,兴,平身。

右唱:复位。

左唱:主祭孙诣,读祝文。[祭主与引赞及读祝者皆东上西降]

左唱:停乐。跪。读祝。

左唱:起乐。俯伏,兴,平身。亚献,三献。[仪同初献]

左唱:祭主孙诣各神位前侑食。

右唱:炙肝。[引赞者引至神位前,提一移碗,鞠躬,拜兴四次]平身。

右唱:复位。

左唱:停乐。

右唱:阖门。[两通赞出门外,相同祝噫歆之声三]

左唱:启门。起乐。

左唱:主祭孙诣领福位。[引赞奉豚与祭主,东上西降,带酒饭,复位]

左唱:跪。停乐。宣嘏词。

词曰:先祖命工祝承兹,多福无疆,予汝孝孙,赍汝赐汝,受禄于天，宜稼于田，眉寿永年，子子孙孙，勿替引之。

　　左唱：起乐。饮福酒。[又用巾包饭，授胙。两手拱举受胙]

　　左唱：礼成。[主祭孙诣香案前，行辞神礼，鞠躬，拜兴四次]平身。

　　此时，赞礼者亦须皆拜，读祝者捧祝，执帛者捧帛各[往]望燎所。

　　放三炮。子炮，五百足。又三炮。击钟鼓。

　　主祭者就位，鞠躬。礼毕。撤班。

到民国时期，奉侍列祖列宗，共需十五席：

　　文成公一席，椅上安虎皮，上安神位。

　　富氏太婆一席，椅一。

起马祭供品（刘日泽 摄）

陈、章氏太婆共一席，椅二。

参政公一席，椅二。

忠节公一席，椅三。

每席桌帏、阑干、烛台各用一副。

以上桌面菜量、样数都与三十日同。

以上五案用火纸六帖，绢帛六束，班尺一尺二寸，闰年加一寸。

左边横坐五席：三世廌公、六世昺公、八世宪公、十世洪公、十三世尽臣公。

右边横坐五席：三世貊公、七世禄公、九世瑜公、十一世世延公、十四世孔昭公。

嘉宾与祭（夏旭照 摄）

左右十席是配飨，各两席相连，每席用椅二把，坐褥二个，桌帏一幅，烛台一对，火纸一帖，帛一束（班尺八寸），阑干一副，桌面减腊味一行，宜用碟五面，实以果子。

《元旦祝文》如下：

维

中华民国某年（现改公元某年）岁次某某正月元旦某某谷旦

祠下主祭几世孙某某，谨以牛羊豕羹饭香帛金银黍稷清酌果品之仪，致祭于显祖明开国翊运守正文臣资善大夫护军诚意伯赠太师谥文成、上七府君、显祖妣诰封永嘉郡夫人富氏、夫人陈氏、夫人章氏之庙前曰：

显庸昭史册，赤县莫不尊亲，余庆逮云祁，青田实为桑梓。以故于州于县，祠堂均二仲以告虔，报德报功，祀典递历朝而弗替。某等忝簪缨之末裔，守祠墓之故乡，岁值更新，向庙堂而参拜，章皆旧洁，杯桮以输忱，伏惟我祖鉴歆，更请列宗配食。泰山北斗，羡祖干之长留；讲武修文，觊孙枝之勃发。庶家声霞举，偕元日以舒长，世泽绵延，与新年而共丽。

尚飨

暨请

（下房祭加一"伯"字）祠下二世伯祖明授中奉大夫江西布政司

右参政桓九府君,夫人陈氏;

（上房祭加一"叔"字）祠下二世叔祖明授奉议大夫谷王府左长史忠节桓十三府君,夫人徐氏、沈氏;

（下房祭加一"伯"字）祠下三世伯祖明特进荣禄大夫袭封诚意伯叙六府君,夫人常氏;

三世祖迁居温州金堡叔祁府君,祖妣吴氏;

（上房祭加一"叔"字）祠下三世叔祖明授刑部照磨叙十五府君,夫人李氏,赵氏;

三世祖迁居瑞安穗丰士捷府君,祖妣叶氏安人;

祠下六世祖明赠五经博士殷二府君,夫人叶氏;

祠下七世祖明授翰林院五经博士恒二府君,夫人吴氏;

祠下八世伯祖明赠诚意伯仁一府君,夫人吴氏;

祠下十世伯祖明赠诚意伯崇一府君,夫人李氏;

袭封诚意伯提督操江历掌南京左军都督府事祠下十一世伯祖,夫人滕氏、李氏;

祠下十三世伯祖袭封诚意伯掌前军提督府事昌二冲和府君,夫人吴氏;

祠下十四世伯祖袭封诚意伯钦点南京文武操江都察院事复赐府君。

左昭右穆,同享一堂;宗功祖德,永世不忘;配食尚飨!

春祭与秋祭的不同，主要体现在家族祭祀与官方祭祀的区别。具体表现为：第一，春祭族源追溯意识较强，突出对上七代的祭祀，梳理南渡以来刘氏宗族的世系荣光，表达报本思想；第二，主妇在春祭仪式上有较高的地位和较重的分量，一直在祭祀活动中充当主祭的助手，并引领所有家族女性祭拜，塑造孝妇形象；第三，春祭与日常供奉、朔望释菜行香、四时八节奠祭联系紧密，体现了家、庙奉祭的连续性。

[贰]秋祭

太公祭的秋祭时间安排在刘基的诞辰日农历六月十五日，是太公祭的主要祭期之一。从家族成员的聚集看，春祭更加方便和经济，所以春祭一直是太公祭的主要家祭时间；从官员的参与看，秋祭时间方便外族人员的参与，更加符合官方祭祀的需要，故一直是太公祭的主要公祭时间。太公祭列入非物质文化遗产名录之后，秋祭再次成为太公祭最隆重的祭祀活动。

明清时期国家祭祀分大祀、中祀、群祀三等。大祀为皇帝亲自主祭的郊庙、社稷、先农等祭祀活动；中祀包括天神、地祇、孔子、旗纛祭祀等，主要为遣官与祭；群祀为诸神、先贤、祖先祭祀等，由地方政府官员主祭或参与祭祀。三祭的等级分类在明洪武年间至嘉靖年间有较大的变化，而在祭祀仪轨上，也往往出现群祀逾矩、采用中祀或大祀仪节的现象。祭孔作为地方性的官方祭祀活动，是群祀效仿的主要范式，成为影响最大、被借鉴最多的祭祀活动。刘基作为先贤、品官、功臣，其家庙祭祀属于群祀，其祀典也就较多地借鉴中祀祭孔的内容。

祭祖仪节的核心是迎神、降神、进馔、酳献、侑食、受胙、辞神、馂余等程序和环节，王府庙祭、品官庙祭和庶民祠祭等的祭祀仪节万变不离其宗。纵观太公祭仪式过程，其实质就是奉侍先人宴饮的一个虚拟过程。它的基本程序为：组织人员，准备祭品和祭器；举行仪式，臆想祖先降临，奉侍用餐，并恭送离去；享用祖先用过的牺牲祭品，以受感应而获得保佑。

《明会典》集明代各种礼仪，最后修订于万历朝，是明代中后期规范王朝仪礼的标准样本。《明会典》卷之九十五、礼部五十三《群祀五》记载的"品官家庙"可能是太公祭的祭仪蓝本。其"时祭仪节"分为卜日、陈设、省馔、行事、参神、降神、进馔、酳献、侑食、阖门、启门、受胙、辞神、纳主、撤、馂十六个仪节，无鼓、乐、舞的记载。但明代的品官家祭或公祭仪节受孔庙释奠礼的影响很大，鼓、乐已经进入祭祀仪节。成文于民国时期的《刘族大宗祭事须知》是整理清代中晚期太公祭的宗族文献，它已经将"酳献"改为"三献礼"，在许多仪节称谓和仪节安排上向中祀和大祀看齐。太公祭祭祀委员会秘书长刘日泽先生撰写的秋祭《赞礼仪式》是上承《刘族大宗祭事须知》，下开1985年以来太公祭仪节的执行手册，其主要仪节为：

祭典开始、瘗毛血、盥洗、敬酒、酌
酒、行参神礼、告词、行降神礼、读
祝（读《文成公生日祭文》）、初献
礼、再献礼、三献礼、侑食、炙肝、
阖门、启门、宣嘏词、行辞神礼、祭
典完毕，共十九个仪节。此时礼仪
初复，应尚有不周备之处。2014年
农历六月十五，笔者访谈了太公祭
省级传承人刘一侠，并考察了祭祀
仪式。这是2013年举行公祭大典后

鼓严

的家族祭祀，没有官员参与和主持，但有媒体现场拍摄、报道，有不
同批次的专家学者现场考察。仪式分祭仪、巡游、晚间民俗表演三
个环节，其中的祭祀仪节为开始、鼓初严、鼓再严、鼓三严、纠仪官
就位、与祭者就位、陪祭者就位、主祭者就位、赞礼执事各司其职、
全体行参拜礼、瘗毛血、行参神礼、行迎神礼、行降神礼、进馔、行
初献礼、恭读祭文、颂《祖训族规》[1]、行亚献礼、行三献礼、侑食炙

---

[1] 《祖训族规》：爱家国，国家兴亡，匹夫有责；睦邻里，文明礼貌，严己宽人；尊
祖宗，春秋祭祀，缅怀祖德；孝父母，孝悌为本，子贵孙贤；和兄弟，敬兄爱弟，
手足至谊；敦族规，相亲和睦，古风可存；训子孙，课训子孙，父母之责；正名
分，长幼有别，于心无愧；勤职业，力勤精详，耕读传家；慎官守，泽民为本，问
心无愧。资料来源：徐文秀，祭仪礼生，青田县城人。

仪节单（林亦修 摄）

肝、饮福受胙、撤馔、行辞神礼、望燎、团拜、礼成二十七个环节，并且将此二十七个环节的名称绣在锦旗之上，叠挂在正厅的东边门柱之前，随着礼生的提唱翻页展示。可见它是被固定下来且长期使用的仪节单。

2013年文成县举行的"癸巳年刘文成公祭祀大典"，是综合刘氏家族传统祭祀和祭孔仪节而形成的大型公祭活动，由省级传承人刘一侠主持，由巡城、开幕式、释奠礼、太公宴、晚间文艺表演五部分组成。我们以其中的祭祀仪节程序为重点，参照历次太公祭仪节，阐释如下。

1.鼓初严；

2.鼓再严；

祭祀活动开展中（夏旭照 摄）

3.鼓三严。

祭祀仪式开始时击鼓、撞钟是普遍的做法，如何击鼓则各有不同。根据王明星《新编祭孔乐舞程序》，祭孔击大鼓三百六十响，表示三百六十天，亦称"岁鼓"；撞镛钟一百八十响，表示"春秋上丁"之大祭。根据项乔的《祠祭论》记载，明代项氏祭祖，祭之日值年者要击鼓三通，召集长幼依次列于左右堂及两庑；族众聚集之后，祭祀开始，司鼓击鼓七声，各就位行礼。根据刘日泽的秋祭《赞礼仪式》，太公祭是鼓三通、钟九声。所谓"鼓三通"，第一通鼓字为"古冬、古冬、古冬……"，第二通鼓字为"古冬冬、古冬冬、古冬冬……"，第三通鼓字为"古冬古冬冬、古冬古冬冬、古冬古冬冬……"，是用于召集序立的号令，表示一次比一次催得急。

4.执事各司其事。[击慢鼓]各执事以序就位。

5.纠仪官就位，引赞就位。

6.与祭者就位，不必盥洗。

7.陪祭者就位，引赞引众陪祭官盥洗，并就陪祭官位。

8.主祭者就位，中间盥洗。

刘日泽先生的秋祭《赞礼仪式》里有在参神礼之前对天地案三上香、三敬酒之礼的描述，祭拜对象为天、地、神，并有祝词："一杯敬天天赐福，二杯敬地地生财，三杯敬神神如在。"这种处理符合地方信仰中"天地神君亲师"的神明体系层序构架，为传统太公祭所保留。

刘基庙天井中紧挨正殿有一个长约9米、宽约6米的长方形地宕，高出天井地面约0.3米，条石筑砌，设有天地炉，举行祭典时这里是拜台，也被称为天地坛。天地坛的长方形结构本身就代表地，与天井构成"天"、"地"的象征意蕴。在新编电视剧《红楼梦》中，宁国府祭祖时也有这样一个天地坛。太公祭传承人刘一侠强调太公祭前要祭祀天地："没有祭天地就不算太公祭"，"南田只有诚意伯庙、刘璟庙和徐伯龙庙在祭祀之前先祭天地"，"祭天要慎重"。祭天地有《告天祭文》，敬拜时要举香到额上，再上香，而祭祖只需举香到胸前。

9.瘗毛血。[击鼓]

太公祭的祭祀牲品是太牢，太牢就是用全牛、全猪、全羊三牲祭祀。原来的诚意伯庙有宰牲所,祭祀时要现场杀牲。杀牲时要从左耳边拔取一些毛,用碟接取左耳边刺出的第一腔热血,一并荐献给祖神。古代战争中就是割取敌人的左耳以计数献功,左耳作为牲体的代表在礼俗中的地位很重要。牲要求"牷",意思是体毛色纯;血要热,这样气味更容易被祖神闻嗅。"瘞"是掩埋、埋藏的意思,"瘞毛血"就是将牛、猪、羊的纯毛和热血埋到地里,告诉祖先献祭的是"洁牲"。根据钱玄的《三礼辞典》考证:"开瘞坎于庙殿之北壬。"指出了掩埋毛血的瘞所方位。天神属阳,用柴火烤炙祭牲更容易向其传达;祖神属阴,毛血埋到地里更便于其享用。因此毛血须即时掩埋于庙前的土坑里。《礼记·郊特牲》曰:"毛、血,

用牲之牛(刘日泽 摄)

告幽全之物也；告幽全之物者，贵纯之道也。血祭，盛气也。"在祭孔等仪式上，我们还看到"瘗馔"环节，在仪式结束时将神案上的供馔高举过头顶，埋进瘗所。现在的太公祭仍然保存瘗毛血节仪，但不现杀，而是使用新杀滴血的牲体，还设宰夫、肉案，进行现场切割仪式。

10.行参神礼。引赞引主祭至天地神位前上香。一敬酒、奠酒，赞礼生高唱"风调雨顺，国泰民安"；二敬酒、奠酒，唱"五谷丰登，事业有成"；三敬神，神如在，唱"合族兴旺，福寿康宁万万年"。"万万年"三字大家一起唱诵。全体三鞠躬，复位。

迎神

刘日泽先生的秋祭《赞礼仪式》展示的参神主要是面对祖先，而不是面对天地。"引赞引主祭者诣各祖神案，上香拜，复三次。"并有以祖先为听者的《告词》："通赞引主祭者诣祖神案，跪。词曰：'承祭孙某某谨以牲礼、羹饭、果品之仪，致祭文成公神位前，敢请尊神降居神位，谨告。'"

11. 迎神。执事提灯、仪仗、牌位等至门口，迎神回大殿。

迎神仪式是执事到门口左阶上迎接，表面上是端着牌位走一个来回，其实大有深意。迎神是祭祀仪式的正式开始，标志着祖先被迎接进入祭坛。祖先在哪里？祖先在牌位上。家庙本来就是供奉祖先木主的地方，表示祖先已经在庙里，为什么还要到庙外迎接？这与上古时期的"迎尸"有关。什么是"尸"？"尸"不是尸体，而是祭祀时代替天地、神灵、祖先接受祭祀、享用祭品的活人，一般在祭祖时由嫡传的长孙担任。《礼记·曲礼上》曰："礼曰：君子抱孙不抱子。此言孙可以为王父尸，子不可以为父尸。"夏、商、周三代用尸祭祀非常普遍，《礼记·特郊牲》解释："尸，神像也。"杜佑《通典》记载："自周以前，天地、宗庙、社稷一切祭享，凡皆立尸。"[1]《朱子语类》记载："古人祭祀无不用尸，非惟祭祀家先用尸，祭外神亦用尸。"[2]这些记载都证明古代祭祀必有尸的事实。尸祭的原因是祭

---

[1]　[唐]杜佑：《通典》，中华书局1986年版，第1355页。

[2]　[宋]朱熹：《朱子语类》，中华书局1986年版，第2309页。

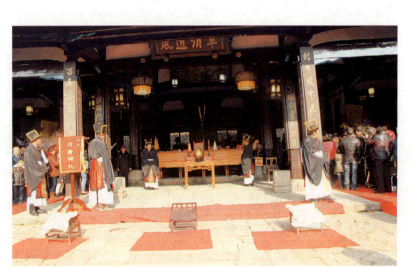

三祭主拜位（刘日泽 摄）

祀时鬼神无形，看不到先人的形象，不能形成醉饱的进食实质，因此立尸以为神之主。但到了春秋战国时期祭，祀用尸日趋式微；秦代的国家祭祀就不再推行用尸；汉承秦制，尸祭结束。不过秦汉时期流行陵寝墓祭，用木牌神主和画像代替尸，尸的位置由"神坐"（神主或神像座位）取代，同时也出现了木偶神像。宗庙流行后，"庙以藏主，以四时祭"[1]，木主牌位成为先人的主要象征物。无尸之后，为了创造酹酒时的进饮效果，太公祭保留了明代以来聚沙束茅的方式，将酒洒在茅草上。

在尸祭的时候，众人要等候于宗庙的东阶，"祝迎尸于门外"。太

[1]　《后汉书·祭祀志》。

公祭的迎神仪式应该是迎尸仪式的遗留。为什么是"祝"或"执事"迎于门外，而不是君王或主祭?《礼记·祭统》曰:"尸在庙门外则疑于臣;在庙中则全于君。君在庙门外则疑于君,入庙门则全于臣,全于子,是故不出者,明君臣之义也。"[1]祭祀空间内外祭主真实身份和角色扮演的不同,决定其与尸之间尊卑贵贱关系的处理差异。

　　为什么要在东阶迎神?东阶为主人所升之阶,亦称阼阶。《礼记·曲礼上》:"主人入门而右,客入门而左,主人就东阶,客就西阶。"《仪礼·士冠礼》:"主人玄端爵韠,立于阼阶下,直东序,西面。"郑玄注:"阼,犹酢也。东阶,所以答酬宾客也。"凡上东阶先右足,上西阶先左足。《礼记·曲礼上》:"上于东阶,则先右足,上于西阶,则先左足。"根据传统的三间庙殿格局,东间门是祖神进出的路线,中间门是主祭进出的路线,西间门是众祭进出的路线,人、神行道不可逾越。至今温州各地村庙祭祀,依然有留出东道供神进出使用的习俗。

　　刘日泽先生的秋祭《赞礼仪式》在迎神仪节中有读《文成公生日祭文》的环节。祭文式为民国时期所定,内容为:

　　　　维

　　　　中华民国　　年六月十五日良辰

---

[1]　郑玄注、孔颖达等正义:《十三经注疏·礼记正义》,中华书局1980年版,第1605页。

主祭裔孙某某谨以粢盛牲礼香帛花果之仪敢昭告于

显祖文成公，祖妣富、陈、章氏夫人之祠前曰：

恭维我祖，肇造有明，出处大节，视古阿衡，惜在今日，岳降松生，名氏间出，地动天惊。斯是故里，大启宗祊，馨香俎豆，自明而清，兹逢华诞，敬荐粢盛，推原本始，聊表微诚，嗟予小子，百感交融，譬彼广厦，非材莫撑，伏惟我祖，佑毓钟英，庶几后嗣，克绍家声。尚飨

配以

二世祖明授中奉大夫江西布政使司右参政府君，祖妣陈氏夫人

二世祖明授奉议大夫谷王府左长史忠节府君，祖妣徐、沈氏夫人

伏惟尚飨

这一民国时期创制的《生日祭文》进一步说明了刘耀东等在太公祭的传承创新上发挥的积极作用。

12.进馔。

进馔的含义是将饭菜送进，奉上供桌。"进馔"与"侑食"的区别在于，前者只是将饭菜端上桌子，后者有近身进酒、劝食、喂食的含义。前者无酒，是饭菜主食；后者有酒，是酒菜巧食。《明会典》"品官家庙"记载进馔程序如下："主祭升，主妇从之。执事者一人

供品(谢鸣 摄)

以盘奉鱼肉，一人以盘奉米麦食，一人以盘奉羹饭，从升至高祖位前。主祭奉肉奠于盘盏之南，主妇奉麦食奠于肉西；主祭奉鱼奠于醋楪之南，主妇奉米食奠于鱼东；主祭奉羹奠于醋楪之东，主妇奉饭奠于盘盏之西。以次设诸正位，使诸子弟妇女各设祔位。皆毕，主祭以下皆降复位。"目前太公祭还保留有行堂进馔、主祭奉奠的传统，但主妇没有"从升"的安排。正位供案事先已经摆设馔食九种，所以进馔的肉、鱼、麦食、米食、羹、饭并非完全按照品官家庙礼的制度执行，饭菜摆放位置也遵从地方习俗和饮食习惯，没有特别讲究。正位只有刘基、刘琏、刘璟三张供桌、九个席位，没有祔祭设置。太公祭先进馔、再行三献礼，符合周礼尸祭的传统，也符合浙南

鸡架于蔗（刘日泽 摄）

地区的宴席进食习惯。尸祭时迎尸入庙，尸落座有如"降神"，然后就是"尸九饭"，代表祖先的尸进食九次：首先吃饭、肺、脊三次，其次吃四豆中的各种祭品三次，再次吃牲品的前肢、兔、鱼三次，这就是九饭。先食后饮，也是浙江南部地区保留古制的宴席流程，即在开筵之初，先主食，再饮酒。在祭祀用尸制度消失之后，明代祭祀是"以茅代尸"："束茅聚沙于香案前及逐（诸）位前地上。"即束一把茅草，如稻草人，代替祖先，不能如尸般进食，但能如尸般进饮，主祭酌献时取盏"祭之茅上"。[1]太公祭以前有茅架立，后来改为甘蔗架立，上面端放整只公鸡。把鸡放在蔗架上，鸡代表凤凰，甘蔗有甜

---

[1] 《明会典》卷九十五，万历朝重修本。中华书局1989年版，第538页。

美和节节高的意思,整个组合寓意"凤凰上高枝"。同时还用艾草,起到驱邪、驱虫、保鲜的作用。

13.上香。引赞引主、陪祭上香,全体三鞠躬,乐奏《咸和之曲》直至复位毕。

14.行初献礼。引赞引主、陪祭诣司酒处取爵酒,奠帛献爵,三鞠躬。乐奏《咸和之曲》,复位。

15.读祝,乐止,引赞引主祭者至读祝位,肃静,读毕全体行三鞠躬礼。复位。

16.行亚献礼,仪如初献,不奠帛,乐奏《安和之曲》,复位。

17.行终献礼,仪如亚献,乐奏《景和之曲》,复位。

三献礼是祭祀过程的主要环节,即在音乐和舞蹈的欣赏过程中,主祭、陪祭分别上前斟酒、献饮。早在周礼中,由主人、主妇、宾长向尸献酒,形成三献之礼;此后各种祭仪中都有三献礼,但明代品官家庙祭祀不用"三献"之词,而用"酌献",献者、祭者和仪式也各有不同。洪洞大槐树祭祖仪式中,三献的含义是主祭向天、地、神献酒三次,每次三爵。献的动作为"酹",即举爵祝拜,洒酒于地。民间所谓的"酒过三巡",含义也是在开筵之前,要酬谢天、地、神(祖)三次,然后人们才开始饮用。

在祭祀仪节中,饮属阳,食属阴。《礼记·郊特牲》曰:"饮,养阳气也,故有乐;食,养阴气也,故无声。凡声,阳也。"因此祖神饮酒时奏乐, 侑食不奏乐。

18.东、西祭主上香。毕, 即退出。

19.各宗祠进香。通赞唱: 某某宗庙贤孙某某等多少人上香。引赞引各宗祠进入庙内, 立于外庭, 拜讫, 引一代表入内上香。每宗祠代表上香毕, 即退出。

20.侑食炙肝, 赞礼生将猪肝夹到羹饭上。

侑食炙肝就是给祖先夹菜佐酒, 在一些祭仪中侑食与炙肝分为两个环节进行, 而在周礼中则与三献同时进行。主人初献时, 左手执角, 右手取肝致祭; 亚献时主妇献枣、栗, 再祭酒; 终献时宾长献烤肉, 再祭酒。《明会典》"品官家庙"的侑食记载为: "主祭升, 执注就斟诸位之酒皆满, 立于香案之东南。主妇升, 扱匙饭中, 西柄, 正箸, 立于香案之西南。皆北向再拜, 降复位。"可见侑食的仪节是主人和主妇给先人加酒、打饭的意思。在祭品中, 我们发现肝的地位很高,《礼记·月令》根据天文节气布施政府命令, 认为孟秋之月是"其味辛, 其臭腥"的月份, 必须"祭先肝", 祭祀用品以肝为上。其实在其他的祭祀时间里, 民间也一直把猪肝作为最重要的祭品。从生理结构看, 肝比其他器官或肌肉更能充血; 从"以肝补肝"的食俗角度看, 请祖先食用猪肝正是提升祖先护佑力的重要方式。"炙肝"就是现场炙烤肝片的意思。炙肝在《礼记》中属于馈熟之祭, 迎牲之后"君执鸾刀, 羞哜", 意思就是国君用鸾刀将肝横切, 但不

进馔（刘日泽 摄）

要切断，然后用油裹起来，放在室内炉中炭火上燎烤，再献于俎上。

"哜"的意思是尝滋味。《明会典》"品官家庙"记载，炙肝时在堂厅的右边设置一个大炉，"炽碳于炉"，用来热菜、温酒、炙肝。省馔时准备"肝各一串"。主祭初献时，"执事者炙肝于炉，以楪盛之。兄弟之长一人奉旨，奠于高祖考妣前匙箸之南"，然后主祭开始读祝。[1]祭祀馔食强调正、洁、热、香、见血，现场炙烤猪肝正好符合这一要求，所以成为特别奉献的高档祭品。"猪头肝"，即猪头和猪肝，是俗神还愿礼的主要牲礼，代表全猪。祭祀以外，在浙江南部的婚宴

---

[1]　《明会典》卷九十五，万历朝重修本。中华书局1989年版，第538页。

中, 也由酒至中筵上猪肝汤这道菜, 迎来宴席高潮。乐队开始演奏, 中堂铺上席子, 新郎面向祖先下跪, 给母舅敬酒。敬酒后各席依次到敬酒樽里舀酒沾喜, 酒筵至此由咸食转换为甜食。在这里我们可以看到吉礼与嘉礼之间的相通关系。

21.饮福受胙。引赞引主祭至读祝位, 饮福酒, 受胙肉, 三鞠躬, 复位。

饮福受胙是祭过祖先之后为主祭赐福的宴饮环节, 只有主祭才有特权享用。《明会典》"品官家庙"记载受胙如下:"执事者设席于香案前, 主祭就席, 北面。祝诣高祖考前, 举酒盘盏, 诣主祭之右。主祭跪, 祝亦跪。主祭受盘盏祭酒、啐酒。祝取匙并盘, 抄取诸位之饭各少许, 奉以诣主祭之左, 嘏于主祭曰:'先祖命二祝, 承致多福。

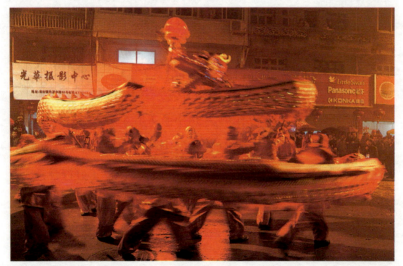

祭祀后舞龙表演(徐铭 摄)

于汝孝孙，使汝受禄于天，宜稼于田，眉寿永年，勿替引之。'主祭置酒于席前，俯伏，兴，再拜，跪受饭尝之，实以左袂，挂袂于季指，取酒卒饮。执事者受盏，自右置注旁，受饭亦如之。主祭俯伏，兴，立于东阶上，西向。祝立于西阶上，东向，告礼成。降复位，余在位者皆再拜。主祭不拜，降复位。"同文在"撤馔"中记载："酒之在盏，注他器中者，皆入于瓶，缄封之，所谓福酒。"可见饮福、受胙是指祭祀后享用祖先吃过的饭和喝过的酒的仪节。根据施惠秩序，主祭是长幼尊卑中最高贵的人，有第一个享用"馂余"的资格。太公祭的饮福、受胙环节没有设席，主祭与陪祭者饮福酒，又用纸巾包饭，授胙。主祭者双手拱举受胙。饮福酒、受胙肉为象征性动作。

22.撤馔。乐奏《咸和之曲》。

23.送神。全体三鞠躬，回身目送至仪门，全体三鞠躬。引赞引主祭送至大门，复位。乐奏《咸和之曲》。

24.望燎。捧金山、银山、祭文、帛到燎所烧化。

25.礼成。

六、祭器与祭品

在各类祭器中，南田诚意伯庙有三大祭器是最具特色的，那就是钦赐神主牌、锦囊箧、鱼灯阵，这三大祭器体现了刘基祭祀的地位、意义和基础。而祭祀的等级和方式，决定了祭品的安排。

六、祭器与祭品

[壹]祭器

造房子先造宗庙，打家具先打祭器，备祭器先备祭服，这是自古以来的规矩。《礼记·曲礼下》曰："君子将营宫室，宗庙为先，厩库为次，居室为后。凡家造，祭器为先，牺赋为次，养器为后。"但不是所有的家庭都可以制造祭器。"无田禄者，不设祭器。有田禄者，先为祭服。"所以明代刘氏作为俸禄祭祀的家族，一定会有成套完备的祭器和祭服。祭器是祭祀中的重要道具，不可轻易处置，需表现出慎重的态度："君子虽贫，不鬻祭器；虽寒，不衣祭服；为宫室，不斩于丘木。大夫、士去国，祭器不逾境；大夫寓祭器于大夫，士寓祭器于士。"《礼记·曲礼上》曰："祭服敝则焚之，祭器敝则埋之，龟策敝则埋之。"《礼记·王制》同时要求："燕衣不逾祭服，寝不逾庙。"保障祭服成为服饰中最高档的衣服，宗庙成为民居中最宏大的建筑。

（一）诚意伯庙独有的祭器

在各类祭器中，南田诚意伯庙有三大祭器是最具特色、独一无二的，那就是钦赐神主牌、锦囊箧、鱼灯阵。这三大祭器体现了刘基祭祀的地位、意义和基础。

1.钦赐神主牌

灵器是祭祀活动中的核心器物。道教和佛教的醮仪活动一般会用灵符、画像、神牌、香炉、神位等营造"神在"的氛围；儒教祭祖一般用遗衣、木主、遗容、香炉等，没有灵符；在大成殿、乡贤祠、名宦祠和庶民的祠堂、民居正堂上，也只供奉祖先的牌位和香炉。牌位代表祖先的神主，即灵魂驻聚的地方；香炉代表子孙通达祖神的路径，所谓"上香达神"，没有香烟缭绕和香气的升达，祖先就不知道裔孙的供奉。

牌位分木制和纸制两种：木制牌位一般供奉在祠堂或正堂，长

刘基神主牌位（刘日泽 摄）

期使用；纸制牌位一般为祭祀仪式上临时制作使用，祭后烧掉。一个人死亡后，通过照尸等仪式，实现魂魄的不断分离；接着通过封圹时的香引，把所有的魂都聚到木主上；最后通过礼生的点主仪式，木主培育成功，成为可以护佑后人的神主。神主一般被供奉在家厅的神龛里，接受四时八节的祭奠，在第三年的冬至日被送到祠堂。祠堂的正神龛一般只供奉始祖、始迁祖、肇基祖、支房祖、名人祖等神位，没有一般子孙祢祖曾高的位置。送进祠堂的木主要么在祭祀仪式后烧进祖炉，成为综合神；要么埋在祠堂阶下，分享春秋大祭时的祭品，要么集中储藏在边厢的夹室里，在祭祀仪式上拿出来附祀。随着世代的绵延，处理掉的木主越来越多，这叫作"迁"，而远祖反成了"不迁之祧"。子孙为了遍祭历代先人，往往在祭祀时做纸制牌位临时使用。

刘基庙里的刘基牌位是正德年间以六王之下的官阶，由礼部按规制定做的，具有很重要的政治意义。刘基庙中还有刘琏和刘璟的木制牌位。在民国期间春祭时，要排23筵，设15位有名位的祖先及其夫人的牌位，其余的牌位都是临时用纸书写。同时刘基牌位的几案前要摆上太师椅，蒙上红绸，撑起华盖，完全是祭祀俗神的摆设。20世纪80年代恢复祭祀，不再设纸制牌位，只在《祝文》中列名其他祖先。

在祭祀的过程中，牌位最为重要，迎神、降神、辞神都是以牌位为直接对象的。"迎神"是迎神于庙外;"降神"是把牌位端放在祭坛上,即请祖神安坐的意思;"辞神"就是送神,与迎神的过程相反。整个祭祀过程,就是奉祀牌位的过程。

诚意伯庙的钦赐神主牌体现了"奉旨祭祀"的历史真实。

2.锦囊箧

锦囊箧为南田刘基庙所独有,是刘基智慧的象征,也是刘基后人从刘基身世和智慧中悟到的避难保全的警示。

相传,朱元璋问刘基皇统继承问题,刘基送给朱元璋一个锁眼用铁水铸封的小铁箱,相告传给太子朱标,不到万不得已时不要打开。太子早薨,小铁箱传给了长孙朱允炆,朱允炆称帝四年,朱棣发动"靖难",攻打南京,朱允炆临危打开小铁箱,发现里面藏着袈裟、佛珠、度牒和剪刀,于是化装成和尚逃脱,不知所终。

刘基后人在有明一代几度罹祸,都从这小铁箱中得到警示,于是仿照小铁箱,在刘基庙里供了一只方方正正的木箱,称锦囊箧,并在正面贴上封条:"封锦囊万子千孙,开锦囊绝子断孙。"同治元年(1862)地方动乱,乱兵进庙搜寻锦囊箧,此后不见。

作为后人,我们回头看这些事件,可以得到的启示是:如果打开锦囊,一切都已是既成事实,来不及了;不去开启锦囊,便是最好的智慧!这种对智慧的追求和对智慧的否定之否定,既是刘家从多难家世中总结出来的家庭哲学,也是制作锦囊箧的目的所在。

锦囊箧可以说是刘家的实物家训，在祭祀中地位很高。

3.鱼灯阵

浙南山区至今保持养田鱼的传统，养田鱼就像其他地区农家养鸡、养鸭一样重要和普遍。人们对鲢鱼、鲫鱼、石斑鱼、青龙鱼、豚鱼、河蟹、田螺、虾等水生动物特别亲近，逐渐形成了节日舞鱼灯的习俗。

在元末明初的军事斗争中，刘基改造了家乡的鱼灯舞，使之成为家乡义兵的训练阵法，至今仍保存着一字长蛇、二龙出水、三才和谐、四门斗府、五虎抓羊、六子连芳、七星斩将、八门金锁、九曜星官、十面埋伏、鲤鱼抢珠、蟾宫折桂等鱼灯阵。鱼灯阵不仅是元末明初南田义兵征战各地的光荣记忆，更是南田各乡族团结一致的象

鱼灯阵

征。至今太公祭的当夜，南田各乡族依然保留着出动鱼灯、布阵合舞的传统。

鱼灯各地都有，而鱼灯阵却成为太公祭独有的特色祭品，是在刘基祭祀名义下形成的由地方社会组织动员演绎而成的表现形式，成为刘基祭祀之所以为地方性祭祀的重要物证。

（二）几案

南田诚意伯庙的明代家具类祭器已经基本无存，各项实物正在逐步恢复中。家具类祭器的恢复，对于诚意伯庙和祭典来说，一方面可以显示明代伯爵的庄重身份，另一方面可以展示书香门第、官宦家族的生活情境。

1.作为祭典祭器的陈设

宝座　宝座不是一般的家庭用具，只有宫廷、府邸和寺院里才有。明代宝座不多见，传世的有硬木的、朱漆的、罩金髹的、剔红的等诸般实物，最出名的为中国历史博物馆所藏的"四出头官帽椅式有束腰带托泥雕花宝座"，具有很高的历史价值。明代盘山行宫流出的五屏风围子宝座，整体气势雄伟，装饰华丽。[1]刘基作为千古人豪，降神设祭极有可能以宝座彰显其高贵身份。

圆墩　圆墩为坐墩，有木制、瓷制和石制，现石制常见，木制、

---

[1]　王世襄：《明式家具研究》，三联书店2007年版，第68—70页。本章节家具类内容主要采用王著成果，不再一一注明。

明式宝座

瓷制不常见。木制坐墩也称绣墩，往往以织物锦绣垫子增其华丽。明式有开光、直棍、瓜棱三种。圆墩祭祀时陈设于诰命夫人等女性灵位前，与宝座形成风格和视觉的反差。

容亭　容亭、香亭、牌位亭为祭祀活动中的重要器具，轿式，装饰简繁各异，有八人抬、四人抬、二人抬多种，大小有异。

香几　明制香几是用来陈置炉鼎或法器的家具，因居中设置，四无傍依，所以常见形式为圆形结体，高低大小由厅堂而定。明代图画中常见的三足圆香几、五足圆香几往往为蜻蜓腿、托泥座。

供案　供案和供桌以有无吊头相区别，无吊头者为供桌，有吊头者为供案。明制供桌有束腰三弯腿、委角、鼎足、回纹、楠木嵌黄花梨纹等特点，显得非常庄重。还有一种束腰带托泥栏杆式供桌，相对而言轻巧些。朱檀墓出土的弯腿带托泥翘头供案与武当山金殿内的明初铜供案形制相同，应该都是承宋而来的明式流行供案。

酒桌　明代宴饮，往往主客二人共用一桌，宾客多时就一人一桌。多人围坐大桌共同进餐，大约到清代中期以后才流行起来。明制酒桌为窄而矮的小型长方形桌案，明人画本常见，多用于陈置酒肴、饮酒用膳，明显特征是桌面开有拦水线。《礼记·礼器》曰："鬼神之祭单席。"即祭祀鬼神，只需设一重座席。由此可以推断出明代祭祀进馔使用的应该是酒桌。

明式供案

方桌　明式方桌传世颇多，有大、中、小三种尺寸。八仙桌约三尺见方，八人围坐，最为常见。六仙桌二尺六寸见方，比八仙桌矮四五厘米，六人围坐。四仙桌二尺四寸见方，与六仙桌同高，四人围坐。方桌以柴木制作，一般配置条凳或坐墩，不配置靠背椅，摆放位置多样，用途甚广。

架格　为三面直棖透棂架格，分上下两部分：上部为三面直棖透棂，内膛三格，存放牲品；下部为中空抽屉，储存不可外露食料和可完全外露食料，是祭祀专用架格。

2.作为家居家具的陈设

家居家具为区别于祭器，称为"养器"。刘基庙的日常陈列，应该是明代官宦书香家族的应有器物。

朝衣柜　官员专门存放朝服的明式衣柜。两副，每副由立柜和顶箱组成，共四件，称大四件柜。朝衣柜是为了让朝服不必折叠便可放入的加宽特制衣柜，面宽尺寸大于其他形式的衣柜。为了不因柜门太宽导致合页负荷过重，增添了"余塞板"。合页钉在余塞板上，余塞板与边框用活销，可以装卸。朝衣柜做工讲究，

明式朝衣柜

用不同石、骨、螺钿等材料镶嵌出职贡图，为"百宝嵌"衣柜。

书橱　元代儒户必用长柜，存放书帙。木轴柜门，不装合页，为圆角柜。柜膛分隔为三段，下段与中段之间设柜屉。

书案和画案　明代书案和画案的制式多样。书案和画案一般相对宽长，便于舒展纸绢，搦管挥毫。书案和书桌都有抽屉，便于伏案工作；画案和画桌没有抽屉，便于缩腿和起立。

灯台和灯座　明代照明有承油灯和燃蜡烛两种方式。文官、士子以读写为主，对灯的要求相对讲究，于是就有灯座和灯台之分。灯座置桌案之上，高尺余，一般分台座、撑柱、灯罩三部分。灯台有固定式和升降式两种，分墩座、灯杆、升降楔、羊角灯罩四部分，很多墩座形如兵器架。

琴桌　刘基以琴棋书画充实他的隐居生活,至今刘基所用古琴实物还保存在北京白云观。明代琴学昌盛,有专为弹琴制作的桌子,不包括大、小条桌。例如,一种面心开长方孔的琴桌,可以容纳琴首及琴轸等;一种双琴并陈桌,可以二人对弹;一种共鸣箱桌,桌面上下两层,形成回音。

棋桌　明制棋桌多活面,可以下围棋、象棋或供他用。有酒桌式活面棋桌、半桌式活面棋桌、方桌式活面棋桌、拉伸式棋桌、重叠式棋桌等。刘基曾为东方朔《灵棋经》作注,撰《灵棋经解》,并以此占验。诚意伯庙可以独制"灵棋桌",展示刘基运用灵棋,以三为经、四为纬,十二子式占验的情景。

屏风　有山字式座屏风,分三扇和五扇,木胎金髹,屏衬牌位、塑像等,位置固定,尤其是正殿大座屏风,仿明代官署厅堂摆设,犹如建筑的一部分。还有八扇、十二扇围屏,四抹,山水图案。

衣架　明式衣架用于搭衣服,不用于挂衣服,无挂钩,一般在横木座墩上植立柱成架。

明式衣架

都承盘

都承盘 也称都丞盘、都盛盘、都珍盘，一种用于放置文具、文玩的案头小型家具。一般分上下两层，下层为屉格，上层用围栏护起摆台。

印匣 方形，盝顶式，髹漆，是存放印玺的匣子。

面盆架 明式高面盆架，下座上架。座四柱二层，下层搁脚盆，上层搁面盆，摆设和使用兼备。架分三格，可以挂二巾，有镜。

（三）盛具

祭祀用的盛具繁多，从材质看有金属器、陶器、瓦器、木器、竹器、藤编器等，从形制看有架、垫、容、托、衬等，分别用于牲体、毛血、肉羹、卤食、家禽、鱼类、谷物、米饭、饼品、豆类、香花、水果、时蔬、酒水、纸帛、香烛等的盛放。名称有鼎、樽、爵、俎、笾、豆、簋、楪、筐、碗等等。

洗 承盥洗弃水之器。《仪礼·士冠礼》："夙兴，设洗，直于东荣。"郑玄注："洗，承盥洗者弃水器也。士用铁。"古盥手、洗爵，皆一人用枓，从罍中挹水，从上浇之，故曰沃盥。其下注之水，谓之弃水，以洗承之。聂崇义《三礼图》引《旧图》云："洗高三尺，口径一尺五寸，足径三尺，中身小，疏中，士以铁为之，大夫已上以铜为之，诸侯白金饰，天子黄金饰。"《仪礼·士冠礼》："赞者洗于房中。"郑玄注："洗，盥而洗爵者。"凡洗爵，必先盥手，故注云"盥而洗爵"。

鼎　盛牲之器。牲烹于镬；熟乃升于鼎，和其味；食时，从鼎取出牺牲，载于俎。其初，鼎既为烹器，又兼作盛器；其后乃专为盛牲之器。《说文·鼎部》："鼎，三足两耳，和五味之宝器也。象析木以炊，贞省声。"古代依爵位的不同，用鼎的数量也不同。《公羊传·桓公二年》何休注："礼祭：天子九鼎，诸侯七，卿大夫五，元士三也。"祭祀时除了正鼎外，还可以有陪鼎，或称馐鼎。鼎以茅草制作的幂为盖，以木横贯鼎耳抬举或启闭。

酒器　古代的酒器种类非常多，材质有金、银、铜、锡、角、琥珀、瓦、木等，形制有尊、彝、罍、瓦大、缶、瓦甒、壶、散、角、觯、爵、觚、觯、斝、卮、匜、觥、觵等。尊为盛酒之器，又为礼器之共名。尊有六尊，为献尊、象尊、著尊、壶尊、大尊、

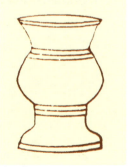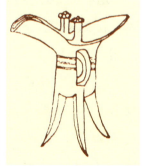

尊与爵

山尊。酒器在祭祀中使用起来很讲究，不可随便，以最小的酒樽为最贵重。《礼记·礼器》："有以小为贵者：宗庙之祭，贵者献以爵，贱者献以散；尊者举觯，卑者举角。五献之尊，门外缶，门内壶，君尊瓦甒。此以小为贵也。"郑玄曰："凡觞，一升曰爵，二升曰觚，三升曰觯，五升曰散。"向尸敬酒的人使用的酒樽越小，地位越高。缶是容量最大的一种酒器，摆在门外；壶是可以盛一石酒的容器，摆在门内；甒是可以盛五斗酒的容器，摆在堂上。子爵、男爵们举行飨礼招待宾客，一献之礼反复五次，即"五献"，所用的酒器也有不同。"禁"是古代放酒樽的用具，形状如同方案，青铜制。根据《礼记·礼器》记载，"椸禁"是长方形无足的木制盛盘，也用于盛放酒樽。"椫杓"是一种牺牛形的酒樽的配器，椫是一种白纹的木头，用于制作椸、杓等物。根据《明会典》，"酒注"是用来醮酒的酒壶，一般为锡壶。

俎　古代祭祀时盛牛、羊等祭品的器具，亦称大房、房俎，用木头制成，与镬、鼎连用。熟牲从鼎中取出，就可以放置到俎上陈设。俎的形制像堂房，上下两间，下有四足，上有

俎与铏

横木隔，如左右房，可以陈设半体牲品。

　　铏　盛羹之器，金属制。所盛为牛、羊、豕之羹，并和以菜者，其器曰铏。铏中扱羹菜用柶，柶的形制有如长柄勺，用角或木制成。

　　笾　盛干物之
器，用竹制成。笾、
豆同类，用不单行。
单言豆者，即可统
笾；单言笾者，亦可
概豆，容实皆为四

笾与豆

升。宗庙祭祀时，分四次进献之笾，依先后言，则有朝事之笾、馈食之笾、加笾、羞笾。《周礼·天官·笾人》："掌四笾之实。朝事之笾，其实：蔫、蕡、白、黑、形盐、膴、鲍鱼、鱐[1]。馈食之笾，其实：枣、栗、桃、干薐，榛实。加笾之实：菱、芡、栗、脯。羞笾之实：糗、饵、粉、糍。"贾公彦认为馈食之笾为八，而非上文所列的五。

　　豆　盛菹醢等濡物之器，又为豆、笾、登的通名。豆高一尺，径一尺，容量为四升。豆之中部曰校，其底部曰镫。豆以木为之，或以瓦为之，或以青铜为之。《周礼·天官·醢人》载："朝事之豆八，馈食之豆八，加豆八，羞豆二。"凡宴飨或祭祀所用笾豆数量都是双数。《礼记·郊特牲》曰："鼎俎奇而笾豆偶，阴阳之义也。"

[1] 鱐：干鱼。郑玄注《周礼·天官·笾人》："鱐者，析干之，出东海。"

簠　盛稻粱之器，其形圆，容量为一斗二升。以竹、木、陶为之，亦以青铜

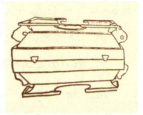

簠与簋

为之。祭祀一般使用四簠，为黍、稷、稻、粱。《周礼·地官·舍人》："凡祭祀，共簠簋，实之，陈之。"郑玄注："方曰簠，圆曰簋，盛黍稷稻粱器。"有雕镂之饰的叫"镂簠"。

簋　盛稻粱之器，其形方。以竹、木、陶为之，亦以青铜为之。容量与簠同，与簠配合使用。簠、簋都有盖，叫"会"。

楪　用于陈列祭品的数量最多的盛器，木制，髹漆。

桶　装载五谷粢盛的器物，木制，髹漆。牟通"堥"，也是盛黍、稷之器。孔颖达疏《礼记·内则》："堥，土釜也，今以木为器，象土釜之形。"敦也是盛黍、稷之器，有盖，尊者有饰，有铜制、木制、瓦制。《礼记·内则》："敦、牟、卮、匜，非馂莫敢用。"

筐　竹器，方形，有盖。郑玄注《周礼》："筐，竹器，如筥者。"主要用于盛置帛、纸类的祭品。

碗　大口小腹的容器，质地多为瓷、瓦，与小口大腹的容器盎相对。

幂　用来覆盖祭祀器皿的巾，用葛布、疏布、画布、功布做成。

尊、彝、笾、豆、簠、簋都有幂，并有专职的"幂人"掌管覆物之巾。《周礼·天官·幂人》："掌共巾幂。祭祀，以疏布巾幂八尊，以画布巾幂六彝。"葛布，写作"绤"。《仪礼·乡饮酒礼·记》："尊，绤幂。"疏布，即粗疏之布，也称大功之布。画布，有花纹之布。郑玄注曰："宗庙可以文，画者，画其云气与？"功布，小功之布。郑玄注曰："以疏布者，天地之神尚质。"《仪礼·既夕礼》："甒三：醴、醯、屑，幂用疏布。瓶二：醴、酒，幂用功布。"所有的盛具祭器，启幂或启盖就代表进馈开始，阖幂或阖盖就代表撤馈礼成。

毕　取牲体之具，状如叉，长三尺。《仪礼·特牲馈食礼》："宗人执毕先入。"郑玄注："毕状如叉，盖为其似毕星，取名焉。"毕也作"枈"，丧祭用桑，吉祭用棘。

盛放祭品的祭器要求干净齐备，陈列有序。《仪礼·特牲馈食礼》中有："宗人升至西阶，视壶濯及豆笾，反降，东北面告濯、具……举鼎鼏，告洁。"[1]记载了祭祀程序中审查祭器净洁的制度。

（四）祭服

祭服是目前祭祀典仪中最难处理的一种祭器，也是自古以来祭典中最受重视的祭器。《礼记·礼器》曰："礼有以文为贵者，天子龙衮，诸侯黼，大夫黻，士玄衣纁裳。天子之冕，朱绿藻，十有二旒，诸侯九，上大夫七，下大夫五，士三。此以文为贵也。"《明会典》"品

---

[1]　郑玄注，贾公彦疏：《十三经注疏·仪礼注疏》，中华书局1980年版，第1180页。

祭主服饰(雷忠义 摄)

官家庙"规定:"祭之日质明,主祭以下各具服。主祭者见(先)居官,则唐帽束带;妇人曾受封者,则花钗翟衣;士人未为官者则幅巾深衣;庶人则巾衫结绦;妇人则大袄长裙,首饰如制。"[1]关于明代祠堂祭祀的服饰问题,记载较少。项氏规定,入祠需"俱盛服趋事","尊长俱纱帽、圆领、头巾、上盖、靴袜,亵衣小帽及各项云巾不许入。"[2]

　　明代太公祭的服饰安排需要按爵位、诰命、官衔、士子、礼生、

---

[1]　《明会典》万历年重修本,卷九十五《品官家庙》,中华书局1989年版,第538页。

[2]　[明]项乔:《项乔集》,方长山、魏得良点校,上海社会科学出版社2006年版,第52页。

礼生服饰图（雷忠义 摄）

庶人、杂役等各人的身份穿戴；清朝时期也按当时的官绅礼服穿戴；民国时期出现改革，中山装和旗袍同样可以出现在祭祀场合。当代总的解决方案是倾向仿明朝服饰行祭，于是出现了主祭服饰、礼生服饰、武士服饰、宫娥服饰、杂役服饰、行堂服饰等。为了提高仪式的观赏性和表演性，1985年以后的太公祭祭祀典礼配置了专门的服饰：主祭穿蓝色祭服，头顶五梁冠；礼生穿黑色祭服，头顶五梁冠；护卫全身盔甲披戴，执武士刀；宫女发式娥结，穿宫女服，手提宫灯；杂役皂吏打扮，戴高红软帽，穿粗布对襟长衫……以此营造明代祭祀的庄重氛围。

明代朝廷在世袭封爵的过程中会赐给公服和祭服，曲阜孔庙衍

太公祭各色人物装扮（刘日泽 摄）

圣公的祭祀服饰就是由朝廷不断赐给的。从世袭诚意伯的爵位看，明代太公祭的主祭应该穿戴伯爵的官服，所以现在太公祭的主祭可以用刘基的官服形象装扮，祭妇的装扮可以仿照诰命夫人的服饰。主祭服饰是祭祀仪式中最体面的礼器，主祭服饰不尊、不贵、不独一无二，也就谈不上祭祀的等级品质。

参加公祭的官员和嘉宾，应该穿戴行政礼服，即所谓正规场合的"正装"，以体现典礼的严肃性。

[贰]祭品

在太公祭的祭品记载中，最早有洪武九年（1376）吴公愿"以牲醴致祭"的记载；有家族春祭"以牲礼、羹饭、果品之仪致祭"的记载；有荐席"设羹饭一筵，或用猪羊、果品、金银山，或用猪头、金银锭帛三束"的记载；有上七祖"谨以羊一豕一羹饭香帛粢馐清酌果品之仪昭告"的记载；有民国刘耀东"祭以太牢"的记载。春祭和秋祭的丰简可以不同，并非每次祭祀都要那么隆重。但即使是太牢之祭，彰显的也只是俎中祭品之隆，并非朝廷赐予的祭祀等级之高。当然，祭祀的等级和方式，决定了祭品的安排。

古代的祭祀方式，区分非常细致，从大的方面来看，可以分为"荐"和"祭"两种。"荐"是没有酒肉和宰牲的祭祀方式，是小祭；"祭"是有牲和酒的祭祀方式，是大祭。《礼记·王制》载："天子社稷皆大牢，诸侯社稷皆少牢。大夫、士宗庙之祭，有田则祭，无田则荐。"区分了牲祭和荐食的条件差异。所谓"田"，即"畋"，是狩猎的意思；当狩猎发展为畜养，牲祭就更有保障了。"荐新"是"荐"的重要祭品门类，即以初熟谷物或时鲜果蔬献祭。《诗经》反映西周晚期、春秋时期的烝祭，是秋收后的祭祖活动，即丰收祭。[1]甲骨文的"烝"字像两手捧豆进献，所进献的物品主要有稷（谷子、小米、粟）、白稷（糯米之上品）、黍（稷之黏者）、米（黍米）、麦（大麦）等农作物。[2]《礼记·王制》"春荐韭，夏荐麦，秋荐黍，冬荐稻"中的韭、麦、黍、稻，就是荐新的非肉类祭品，同时出现"韭以卵，麦以鱼，黍以豚，稻以雁"的搭配。

[1]　徐明波：《商周时期的烝祭》，《宗教学研究》2006年第4期，第207页。
[2]　彭邦迥：《甲骨文农业资料考辨与研究》，吉林文史出版社1997年版，第544页。

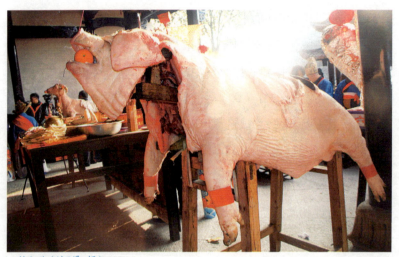

三牲之猪（刘日泽 摄）

　　甲骨文中的"祭"字就是右手拿着一块滴血的鲜肉献给神祇的样子。牲有六种，《周礼·天官·膳夫》称为"六牲"，分别是牛、羊、豕、犬、鸡、鱼。大卫·休谟和爱德华·泰勒都认为，在万物有灵论中，万物的灵魂有级别的不同，祭品的灵魂也就有了等级；奉献给神明的礼物是祭品的灵魂，而不是它的物质实体，不同等级的神明享用不同等级的祭品，作为高级别祭品的动物或物品的灵魂被神明取走了，神明就被赋予新的活力。[1]"六牲"中的祭品有级别高低的不同，不是在每一种祭祀活动中都可以使用。使用牛、羊、豕祭品祭

---

[1]　（英）爱德华·泰勒：《原始文化》，连树声译，广西师范大学出版社2005年版，第390页。

三牲之羊（刘日泽 摄）

祀的，是最高级别的祭祀，称为"太牢"或"一牢"。皇帝祭天、祭太庙、祭孔使用太牢，太公祭也是使用太牢。其次为"少牢"，省去牛，只用猪、羊二牲作为祭品。

祭牲讲究毛色、雌雄、完好程度、宰割方式，祭物讲究品级、纯度、周正、整洁。所以祭品都必须是同类物品中生长最好、加工最好的东西，且要在祭祀前接受检查。《仪礼·特牲馈食礼》载："宗人视牲，告充。雍正作豕。宗人举兽尾，告备；举鼎鼏，告洁。""牺牲无用牝"、"废而不献"都是以"合礼"的名义提出的要求。祭品在祭祀中的称谓，与日常的名称不同。《礼记·曲礼下》曰："凡祭宗庙之礼，牛曰一元大武，豕曰刚鬣，豚曰腯肥，羊曰柔毛，鸡曰翰音，犬曰羹

献, 雉曰疏趾, 兔曰明视; 脯曰尹祭, 槁鱼曰商祭, 鲜鱼曰脡祭; 水曰
清涤, 酒曰清酌; 黍曰芗合, 粱曰芗萁, 稷曰明粢, 稻曰嘉蔬; 韭曰丰
本, 盐曰咸鹾; 玉曰嘉玉, 币曰量币。"这些称谓都是为了形容作为
祭品的牲畜肥壮、加工物周正、酒水清冽、作物长势旺盛, 是所属物
种中挑选出的最好的那一个。

　太公祭的牛、羊、豕, 是专门养殖的。明代诚意伯庙有养牲所,
专门养殖祭祀牲品, 保证牲品生长过程中的康健、净洁, 有专人负责
日常的饲食清洁, 呵护态度与一般家畜不同, 视之若神。《礼记·曲
礼上》曰: "牲死则埋之。"对年度祭祀而言, 猪是可以一年养大的
牲品, 最具有标准性; 而牛不是一年可以养大的, 在养殖周期和成

用牲之牛羊(刘日泽 摄)

本上付出更多。清代采用轮值制后,牲品的饲养由主祭安排。主祭往往难以承担养牲的费用和劳力,因此姻亲至戚就会分担养牲的工作。姻亲至戚也并不把这件事情看作一种负担,而是作为一种荣耀。分担养牲工作被作为"人情"来"献敬",从而使太公祭超越宗族祭祀,成为地方性人情网络祭祀大典。

祭品置办除了上述的高、好、正、整、洁原则外,还有"荐新"、就地取材和随时变通的原则,归根结底,以诚信尽敬为原则。《礼记·祭统》中的祭品观念是:"夫祭也者,必夫妇亲之,所以备外内之官也。官备则具备。水草之菹,陆产之醢,小物备矣。三牲之俎,八簋之实,美物备矣。昆虫之异,草木之实,阴阳之物备矣。凡天之所生,地之所长,苟可荐者,莫不咸在,示尽物也。外则尽物,内则尽志,此祭之心也。"所以祭不一定要真正做到"物尽","敬尽"方是"祭之道"。《礼记·王制》提出:"祭用数之仂……祭,丰年不奢,凶年不俭。"要求祭祀费用只占收入的十分之一,不要过度。民国太公祭《春祭计开排礼棚之货物》就提出:"因祭费困难,牛省不用,其他各行也要以山上土产、好办为原则。"对于1985年的祭品置办,刘志邦也提出:"祭礼仪式及祭礼物品等,牛有困难,节省不用。其他物品亦以随时可办为原则。三十日辰刻致祭文成公,午刻散祭,改便饭加糖糕肉,夜点心改为一律用肉炒粉干加酒。元旦致祭文成公,午刻散祭一次,初二酒从略不办,因无经济故也。六月十五日诞辰致祭，依据耀东初办仪式，承办可散饮一次，正是佑忠侄来信说：祭礼要保存，用费甚节省原则也，如何经众决定。"

酒水在祭品中的地位很高。《礼记·祭统》曰："夫祭有三重焉：献之属莫重于裸，声莫重于升歌，舞莫重于《武宿夜》，此周道也。"认为在献供的祭品门类里，酒水是最重要的祭品。"裸"的意思就是"灌"，把酒灌给神明。裸礼的目的在于降神，所以于礼最重。太公祭中使用的酒，总是用"清酌"一词替代，清酌是指清冽醇香的好酒。祭祀中的最好酒品，是"郁鬯"，指一种香酒。酒有时可以用水替代，也可以分开使用。水必须是经过沙滤的水，称为"涗水"。祭祀时盛酒的祭器也必须非常高贵。《礼记·祭统》曰："君执圭瓒裸尸，大宗执璋瓒亚裸……宗妇执盎从夫人，荐涗水。"瓒是玉勺，以圭或璋为柄的灌酒器。盎是古代一种腹大口小的器皿。酒水在团拜中的地位也很高。《墨子·明鬼》："内者宗族，外者乡里，皆得而俱饮食之；虽使鬼神诚亡，此犹可以合欢聚众，取亲于乡里。"[1]

玉是祭祀中的重要祭品。玉有圭、璋、琥、璜等品种。圭用于献给国王或诸侯国君，璋用于献给王后或国君夫人，琥为虎状的玉器，璜为半圆形的玉器。祭祀时要燔燎，其中一个环节是将玉放在柴火里烧，将其献给神明。太公祭是否用玉则不见记载。

太公祭的《春祭计开排礼棚之货物》，为我们展示了民国以来

---

[1] 《二十二子》，上海古籍出版社1986年版，第250页。

供案祭品（刘日泽 摄）

的祭品清单：

  金银山一对、神福一副（鸡一、肉斋三、杯三）、火腿、猪肚、羊肚肺、猪肝肺。

  上架鸡三个，留头足翼毛少许，蔗三支，叉树上栖飞禽。如无禽，则以毛鸡一只代之。

  豆腐一作、净酒一瓶、糖糕一格、炒米糖一盒。以上排在金银山后。

  水果共一行：柑橘、荸荠、萝卜、橄榄。

树果共一行：白果、魁员[1]。

海味共一行：海带、插鳖。

南货共一行：洋菜、紫菜。

饼料共一行：百子糕、雪片、麻饼。

糖果共一行：冰糖、白糖、红糖。

米糍一行：三香、八仙，或加十二生肖寿桃儿。

卤味一行：猪头一、鸡三、鸭三、肉三刀。

谷食一行：早米、糯米、黄栗、包笋、番茄、豆各色，粟、茶叶、金瓜、红曲、土产食物皆可用。

2014年的秋祭诞辰祭，塔形大蛋糕、巧克力、饼干等很多时兴副食品出现在"荐新"的祭品中。

享仪使祭品的陈设更具文化意义。《礼记·郊特牲》曰："鼎俎奇而笾豆偶，阴阳之义也。"首先在数字上赋予祭品新的意义。在祭品的陈设中，材质的搭配、数量的参差、色彩的选择、距离的厘定、位置的摆放，都有等级差异，非常讲究。

太公祭秋祭的享仪如下：

十五日辰刻设羹饭三席，正案设位四。

---

[1] 魁员：即桂圆。

左配参政公设位二，右配忠节公设位三。

席上设馔十二味，以象征一年十二月。

筵前离七尺排列祭仪式（以两长方桌横排），中羔羊一，左豕首一，右鸡一；又左一寿桃，又右寿面。以上五色为一行，象天数五之义。

左鲜鱼（鳖鱼亦可），右鸡蛋；又左红豆，又右绿茄；又左金瓜，又右丝瓜。上六色为一行，取地六成之义。

中酒一瓶，左水果，右干果；又左右各采鲜花；又左金楮，又右银楮。以上七色为一行，象七日来复之义。

香案后，设屏风，香案上置烛台、花瓶。

银爵果盒，祭毕撤馔，烹胙（烹胙席数由祭主自定）。

午后演戏，夜演戏放灯，以申庆祝。

附说：柬请十一人，各送灯一对到祠，可免主祭住在外地者借灯之烦。

祭品用园蔬菜花果者采办既易，尤与荐新于先之义相合。戏班先一日到，则十五日辰刻致祭方有鼓乐，故十四夜起可演戏两夜。放灯之烛皆主祭者备办，计纱灯十一对，三进大灯笼三对，均应至戏毕熄灯，放炮。

祭馔十二味：海参、鱼胶、青干、蝦蝙、木耳、金针、方肉、全卵、寿桃、豆腐、洋粉、猪肝。

馂余分胙（林亦修 摄）

烹胙四肴：白鸡片、对开卵、猪耳舌、豆腐。

四核：炒松豆、西瓜子、水果、饼。

蔬：祭席所有各蔬，外加炒羊肉，卵与豆腐，入四肴内作冷食。开筵以寿桃配猪头肉白切用酱油，中筵以寿面配猪肝汤，又散筵用砂仁梅干汤。

高盘十二个，闰年十三个，有盖。用花生、瓜子等物线穿成串挂上木豆间置高盘之中，用糖果以实之。

《礼记·王制》规定："庶羞不逾牲。"意思是日常的饮食不能超过祭祀的水准，这使祭祀的"馂余"带来无可替代的美食诱惑。

[叁]乐舞

　　太公祭的乐舞问题是祭祀传统上的难题。道光十五年（1835）七月，青田知县刘荫棠撰《重修南田刘文成公祠碑记》，并作祭祀《迎神送神曲》。

　　晚清、民国以来的太公祭有乐，但只是民间音乐，由鼓、锣、唢呐、二胡、京胡等组成乐队，演奏《朝天子》、《将军令》、《八仙》等乐曲，一直延续到20世纪80年代。这是农村婚礼、丧礼、寿礼、神诞礼的一贯做法，显然不是太公祭的传统礼乐。《明会典》的"品官家庙"中没有祭祀使用乐舞的记载，不能确定有没有乐舞。而家庙祭

太公祭民乐队（刘日泽 摄）

祀，尤其是太公祭用乐，应该也不属于僭越。

祭礼以乐、歌、舞配合，是一种传统，"乐源韶，舞因夏，诗隋牛蔡"概括了乐、歌、舞的起源。"韶"指虞舜时期的《韶乐》，八音齐备，属于大雅之乐，是礼乐的典范，国家祭典以此制定《八佾》，并按等级降杀为《六佾》、《四佾》，《左传·隐公五年》记载"天子用八，诸侯用六，大夫四，士二"。大乐与天地同和，唐高祖制作大唐雅乐十二章，称"十二和"，唐玄宗增为"十五和"，成为五代"十二成"、后周"十二顺"、宋代"十二安"、 金朝"宁"字乐章、元朝"明"字乐章、明朝"和"字乐章、清朝"平"字乐章的袭仿样本。按

新编太公祭舞蹈（刘日泽 摄）

照这一传统推断，太公祭不可能没有礼乐。夏禹时期有《大夏》之舞，为乐舞的源头，舞者需左手执籥、右手秉翟。祭舞排成方阵，八佾需要六十四人，六佾三十六人，四佾十六人，二佾四人。佾舞又分文舞和武舞。隋朝制乐官牛弘和蔡徵撰写了祭祀的歌诗，完善祭祀唱、诵的仪节。太公祭的现有唱、诵、舞有待进一步挖掘。

自古礼不相沿，乐不相袭，历代祭典都有礼制变化，并对乐、歌、舞的对应等级作出规定。祭孔典礼是延续时间最长、对各种祭祀影响最大的仪式，我们可以称其为传统典范；而洪洞大槐树祭祖是时间最晚，融合乐、歌、舞的现代祭典，对新祭典的实践具有启发意义。

太公祭的乐、歌、舞问题涉及它的参照体系和资源利用，而不完全是《明会典》的规制问题。《明会典》之所以在万历年间重修再版，是因为明朝到了这个时期才能根据实际情况不断完善各种制度，进一步解决明初洪武、永乐年间，因王朝年轻而不断遇到的问题。太公祭可以参照的体系，有王国宗庙的祭祀规范和地方孔庙的祭祀传统；可以利用的资源有"奉旨祭祀"的袭爵制度和地方祭孔的人才储备。太公祭的许多内容，如居中为尊的牌位制等，都是模仿明朝太庙和宗庙制度，而非朱熹的《家礼》传统，在乐、歌、舞上也就有可能是参照宗庙制度。同样地，如果没有祭孔等地方政府的祭典存在，太公祭也就可能失去举行典仪的物力和人力资源。宗庙和

孔庙的相关制度都高于"家庙"，在制度模糊不清的地带，"家庙"的模仿可以理解为一种学习行为。

明代王国宗庙可以祭朱元璋的父亲"仁祖"，不允许祭皇帝朱元璋。宋濂记载祭仪中可以奏八段乐章：迎神奏《淳和之曲》，奉牲奏《庆和之曲》，初献奏《保和之曲》，亚献奏《清和之曲》，终献奏《成和之曲》，饮福奏《咸和之曲》，撤豆奏《嘉和之曲》，送神奏《德和之曲》。[1]《明太祖实录》卷一〇三记载靖江王府的宗庙祭祀，用乐生三十六人，舞生七十二人，文舞、武舞各三十六人，计算人数可以确定"即六佾之制，是为王者之礼"，成为《明会典》的通行之制。明清祭孔仪式也用六佾之制。明乐继承了乐、歌、舞三位一体的唐乐综合艺术形式，创制六章六奏，成为太公祭的模仿对象。

根据2013年《癸巳年刘文成公祭祀大典》释奠礼的安排，秋祭典礼使用了《宁和之曲》、《安和之曲》、《景和之曲》、《咸和之曲》。具体安排为：

（三）上香

（四）行初献礼　　《宁和之曲》

自有生民，底谁为盛；

惟我夫子，度越前圣；

---

[1]　宋濂：《王国祀仁祖乐章》。见《宋学士文集》卷一，转引自吴恩荣、赵克生《明代王国庙祠制的演进及礼制特点》，《江海学刊》2014年第3期，第162页。

《宁和之曲》乐谱

《安和之曲》乐谱

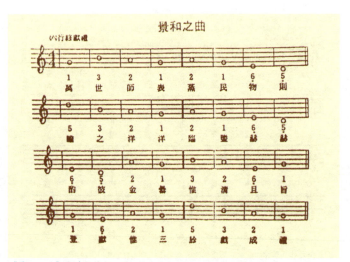

《景和之曲》乐谱

《咸和之曲》乐谱

粢帛具成，礼容斯昌；

黍稷非馨，明德惟馨。

（五）行亚献礼　　《安和之曲》

大哉宣圣，实天生德；

订礼正乐，口伦无斁；

清酤惟馨，嘉牲孔硕；

荐羞神明，庶几昭格。

（六）行终献礼　　《景和之曲》

万世师表，蒸民物则；

瞻之洋洋，临鉴赫赫；

酌彼金罍，惟清且旨；

登献惟三，於戏成礼。

（七）撤馔　　《咸和之曲》

牺象在前，豆笾在列；

以享以荐，既芬既洁；

礼成乐备，人和神悦；

祭则受福，率遵无越。

以上四大乐曲源自明代的释奠乐章。明太祖洪武二十六年
（1393）春颁《大成乐》于天下，郡县祭孔典礼自此皆用乐。第一，

迎神，《咸和之曲》："大哉宣圣，道德尊崇；维持王化，斯民是宗；典祀有常，精纯益隆；神其来格，于昭圣容。"第二，奠帛，《宁和之曲》："自生民来，底谁其盛；惟王神明，度越前圣；粢帛具成，礼容斯称；黍稷非馨，惟神之听。"第三，初献，《安和之曲》："大哉圣王，实天生德；作乐以崇，时祀无斁；清酤惟馨，嘉牲孔硕；荐羞神明，庶几昭格。"第四，亚、终献，《景和之曲》："百王宗师，生民物轨；瞻之洋洋，神其宁止；酌彼金罍，惟清且旨；登献惟三，於戏成礼。"第五，撤馔，《咸和之曲》："牺象在前，豆笾在列；以享以荐，既芬且洁；礼成乐备，人和神悦；祭则受福，率遵无越。"第六，送神，《咸和之曲》："有严学宫，四方来宗；恪恭祀事，威仪雍雍；歆格惟馨，神驭旋复；明禋斯毕，咸膺百福。"

两者比较，明代祭孔和2013年太公祭的乐章相同，编目相同，但使用程序、次数不同，词章也根据祭祀对象作了修改。明代以来一直到民国，释奠礼都奏乐六次，送神都奏《咸和之曲》，但2013年的太公祭没有。2013年的刘基释奠礼只是对明代祭孔释奠礼的一次模仿，不能把它理解为延续性的传承。在此之前，并没有发现太公祭有如此奏乐安排的文献记载。

对祭品作一总结，"殷人尚声"，声和舞是高雅的，排在最高层次的类属中；酒水非常重要，关系到能否请到神明；玉和帛的使用不可忽略，也不可僭越；三牲太牢代表的是祭品的最高级别，如何使用它有一番讲究；为了让牲品的灵魂更好地为神明所摄取，最好进行现场宰杀；"周人尚臭"，"燔"是烤的方式，使香气上达于天；"瘗"是埋的方式，让腥气渗达于地；牲品的烟气比牲体实物的祭祀价值更大；在侑食的观念中，尝滋味比饱食更加重要，所以"炙肝"成为重要仪节，"粢盛"是吃得越少越显尊贵。

七、太公祭的保护与传承

刘基太公祭立足明代品官祭祀和家庙礼仪，上尊氏家子承古法，下继今俗，既符王朝礼制，又合地方信俗，是中国传统祭祀文化中保存相对完整、存量非常有限的样本，保护意义非常重大。

七、太公祭的保护与传承

[壹]太公祭的保护

如果说明代是礼部一直关怀着太公祭的话,那么现在则是文化部一直关怀着太公祭。当代政府和明王朝以同样的热忱对待这份文化资源,只是出发点有所不同而已。

如今的地方政府站在非物质文化遗产保护的立场上,认为太公祭主要有以下特征。第一,历史传承不间断性。自明正德九年(1514)浙江处州知府钦承圣命首次致祭以来,太公祭持续了五百余年。第二,家族祭祀性。太公祭几百年来一直保持着固定的家族祭祀仪式,并完整地传承至今。第三,影响深远,泽及海外。每年的春秋两祭,都会有上万刘氏族人(包括台湾地区、旅居法、意等国的族人)自费前来参加。第四,形式独特。祭祀当天会有身着传统服饰的祭礼队伍整肃巡游,祭祀结束当晚,还举行舞龙、花灯等民俗表演活动,他姓的文成人及外县人也会前去凑热闹,可谓万人空巷。它的重要价值在于以下几方面。第一,该遗产对于刘氏宗族具有强大的凝聚力,作为纪念地方先贤的民俗活动,已经得到当地民众的广泛认同,对于弘扬中华民族的传统人文精神有重要价值。第二，对促进海外华侨、华人认祖归宗、推动和维护祖国统一具有重要意义。太公祭对于海外华侨、华人有强烈的吸引力，可以激发他们的爱国、爱乡之情，对推动和维护祖国统一具有重要现实意义。第三，作为活态存续的"家祭"样本，有重要的民俗学、社会学价值。[1]2001年，作为太公祭主要祭祀场所的南田刘基庙列为全国重点文物保护单位；2008年，"刘伯温传说"列入第二批国家级非物质文化遗产名录；2011年，"太公祭"列入第三批国家级非物质文化遗产名录，正式对刘基祭祀仪式进行国家保护；同年，文成县人民政府第41次常务会议研究决定，出台《国家级非物质文化遗产项目太公祭保护方案》（文政办[2011] 276 号），对太公祭的中长期保护作了详细的规划。

中国传统的祖先祭祀一直是国家倡导、民众热衷的仪式，其发展源远流长，不断演变，程序繁复，含义深远，导致其内涵难以完全掌握，价值未被完全认同，诸多领域尚存研究空白。刘基太公祭立足明代品官祭祀和家庙礼仪，上承古法，下继今俗，既符王朝礼制，又合地方信俗，是中国传统祭祀文化中保存相对完整、存量非常有限的样本，保护意义非常重大。

从保护非物质文化遗产的角度出发，结合太公祭的源起和演

---

[1] 摘自"太公祭"列入国家级非物质文化遗产名录申报书，内部资料，文成县非物质文化遗产保护中心保存。

变，笔者认为应该关注如下几点。

（一）充分挖掘祭祀文化的宗教哲学价值，认识其现代意义

人类在群体生活中逐渐树立了"敬其所尊，爱其所亲，视死如视生，视已如视存"[1]的哲学理念。这一哲学理念在存亡、生死、亲疏、尊卑之间建立了人类生命时间和空间关系的规范。而这一规范现在正面临挑战，这一挑战将解构千百年来建立的社会人伦关系构架。从祭祀仪式这一视角审视人类的生存进路，无疑如在山道的急转弯处立了一面交通广角镜。

现代新儒家唐君毅认为，祭天地、祭祖先、祭圣贤的"三祭"是儒家精神的主要载体。天地是宇宙生命之本，祖先是个体生命之本，圣贤是文化生命之本。通过祭天地，人的生命乃与宇宙生命相通，而可臻于"万物皆备与我"、"上下与天地同流"的境界；通过祭祖先，人的生命乃与列祖列宗的生命相通，而可憬悟一己生命之源远流长及其绵延无穷之意义；通过祭圣贤，人的生命乃与民族文化生命相通，而可真切地感受慧命相承、学脉绵流的意义。概括起来，中国人对生化万物、孕育万物的"天地"，自己生命所从出的"祖先"，以及立德、立功、立言的"圣贤"三者加以祭祀，加以崇敬。这种回归生命根源的"报本返始"的精神，确确实实是"孝道伦理"的无限延伸；而其中所充盈洋溢的"崇德"、"报功"的心情，亦可视为

---

[1]　王国轩注：《大学中庸》，中华书局2006年版，第206页。

一种不容自已的"责任感"之流露。[1]

儒家把祭祀推到国家事务中的首要地位，认为"国之大事，在祀与戎"[2]。《礼记·祭统》曰："凡治人之道，莫急于礼。礼有五经，莫重于祭。"[3]从十个方面指明了祭祀的意义："夫祭有十伦焉，见事鬼神之道焉，见君臣之义焉，见父子之伦焉，见贵贱之等焉，见亲疏之杀焉，见爵赏之施焉，见夫妇之别焉，见政事之均焉，见长幼之序焉，见上下之际焉。"[4]

唐君毅坚决主张复兴祭天地、祭祖宗、祭圣贤之礼，以及对亲师圣贤的敬意，对人格世界、宗教精神、宗教圣哲的崇敬。这对于中华民族精神的再造，对于建构中华民族的共有精神家园，具有重要的现实意义。[5]从这样的角度去认识祭祀文化，体验太公祭，感知活动价值，才会形成文化自尊和骄傲。

（二）提倡"祭以敬"的儒家祭祀精神，提高仪式水准

对祭祀者来说，唐君毅分析祭祀的宗教价值在于祭祀时的精神体验：

[1]　蔡仁厚：《孔孟荀哲学》，（台北）学生书局1984年版，第143页。

[2]　杨伯峻：《春秋左传注》，中华书局1981年版，第861页。

[3]　郑玄注，孔颖达等正义：《十三经注疏·礼记正义》，中华书局1980年版，第1602页。

[4]　《礼记训纂》。见《四库备要》，中华书局据咸丰刊本，1920年版，第45—46页。

[5]　何仁富：《唐君毅论儒家"三祭"的宗教价值》，《四川大学学报（哲学社会科学版）》2009年第3期，第64页。

祭祀时，吾所求者，乃吾之生命精神之伸展，以达于超现实之已逝世的祖宗圣贤，及整个之天地，而顺承、遵戴祖宗圣贤及天地之德。则此中明有一求价值之实现与生发之超越的圆满与悠久之要求之呈现，乃视死者亡而若存，如来格生者，以敬终如始，而致悠久，使天地与人，交感相通，而圆满天人之关系。则此三祭中，明含有今人所说宗教之意义。[1]

祭仪品质是维护太公祭地位的关键。明代世袭诚意伯者，就是接受过国家仪礼训练的主祭。礼部文书记载世袭诚意伯的刘禄在十五岁时就进京接受仪礼训练，家族内的许多官员也是谙熟仪礼的实施者；清代太公祭对主祭和礼生、执事者的身份及其地位还有具体的要求。《刘族大宗祭祀须知》规定礼生一定要从生员中产生，否则没有资格担任，这在一定程度上维护了祭仪的品质。改革开放以来，可以说谙熟仪礼的人才已经断代，导致太公祭虽然恢复了祭礼程序，但流失了大量的行礼细节。祭典的庄严隆重、祭者的肃穆敬谨已经大打折扣，仪礼实施的步态和身形都已经走样，许多与祭者不知祭礼为何物，只是凑热闹而已。"典仪溃疡症"已经成为现代中国传统典礼的通病，在"走过场"的现代浮躁心理支配下，许多典礼的细节美感已经不再，生动性也无从谈起。

[1]　唐君毅：《中国人文精神之发展》，广西师范大学出版社2005年版，第319页。

对此，在已经传承和建立的太公祭仪礼基础上，应该进一步树立与祭人员的操作规范。在目前没有专门机构从事该项目培训的情况下，可以考虑与相关研究机构合作开发，形成一套严谨优雅的行礼套式，培养一批谙熟仪礼的人员梯队，使太公祭的祭仪品质领先全国平均水平，成为国内外公认的最有价值、最为规范的瞻观礼。同时以南田刘基庙为基地，建立"习礼堂"，进行仪礼教育和操作演习，使刘基庙成为各地民众学习"序昭穆、辨贵贱、顺少长、习威仪"的知礼、习礼场所。引导和教习宗亲及游客瞻仰古庙时体验仪礼，推广太公祭礼为民间宗族祭祀仪式的范本。

（三）摆脱祭孔典礼的过多影响，维护太公祭的独特性和地方性

明清以来，祭孔大典一直是国家重视的仪式，专门订立世袭的孔、颜、孟、曾四氏儒门五经博士赠赐制度，专司祭祀工作，使祭孔典礼成为全国通行的祭祀样本。

太公祭在一定程度上属于圣贤祭祀，在祭祀的鼎盛时期，刘基的七世孙也获赠五经博士，专司太公祭祭典。明代的品官祭祀制度并不详尽，在操作层面上需要不断借鉴更加成熟的祭祀典仪，因此仿照祭孔典礼在所难免。此后太公祭的转型发展、改良推行、复兴参照，都可以看到祭孔释奠的影响，包括祭期的安排、仪节的处理等。

祭孔典礼称为释奠礼，释、奠的意思主要是在乐、舞、牲、酒的陈设和呈献上表达对祭祀客体的敬意。2005年曲阜孔庙祭孔大典申报国家级非物质文化遗产之后，2011年浙江衢州南宗祭孔大典入围国家级非物质文化遗产名录，海内外的一千三百余座孔庙都举行祭孔活动。面对数量如此巨大的祭孔仪式活动，太公祭则体现了"以少为贵"的特色优势。

太公祭以少为贵优势的形成，依赖于宗族祭祀和地方祭祀，它不完全是王朝政权影响下的政治祭典，在一定程度上摆脱了祭孔大典的影响。发掘太公祭的原有内涵和刘基祭祀的文化特质，研究太公祭的社会基础和信众心理，已经成为该项目的核心价值所在。

（四）完善太公祭的祭祀体系

太公祭作为一种祭祀形式不是孤立存在的，而是在各种祭祀理论及其实践过程中形成的。孔祥林等在《孔府文化研究》中，引用清康乾时人孔继汾的《孔氏家仪自序》道出一个事实："南宋朱熹《朱子家礼》成书后就成为民间礼仪的圭臬，但历史上'群儒多以己意联辑补缀，世人复以乡俗演习之事棼然杂出乎其间'，而曲阜'素称守朱子家礼者，亦素以古礼参用朱子家礼者也，又素以乡俗相沿之陋习附会于朱子家礼者也'。"[1] 同样，太公祭是刘氏精英在祭祀理论和王朝规范的引导下，结合乡俗后创造的祭祀形式。

---

[1]　孔祥林、管蕾、房伟：《孔府文化研究》，中华书局2013年版，第170页。

现在参考传统祭祀体系，太公祭应可作进一步的整理和规范。从大的方面看，它还不是一个礼、乐、歌、舞四位一体的完备的祭祀系统，尤其在祭祀歌章、祭祀音乐、祭祀乐器、祭祀舞蹈上基本阙如，难与其祭祀样本的地位相匹配。今后应在充分尊重民俗流变的基础上，论证相关恢复事宜。从小的方面看，太公祭的传统祭器丧失殆尽，尊、爵、登、俎、豆、笾、簋、簠、敦、牟、卮、匜、筐、盨、幂、毕等基本祭器已经不见，祭祀陈设也不完全遵循"俎奇豆偶"的规制施行，让观礼者难以了解传统祭祀文化的一些基本内涵。让太公祭适当复原到明代中后期的状态，应是今后挖掘、整理工作中需要论证的核心任务。

总之，让太公祭反映中国传统祭祀文化的基本内涵，让现代人感知中国传统祭祀文化的主要精神，应该成为完善太公祭祭祀体系的最终目标。

[贰]太公祭的传承

从刘基逝世至今（1375—2015）的六百四十年间，太公祭至少经历了形成期（明初至天顺年间）、鼎盛期（天顺至崇祯年间）、转型期（清代）、改良期（民国时期）、复兴期（20世纪80年代之后）五个重要时期。不管在哪一个时期，品官家庙祭祀是太公祭贯穿始终的根底，是历史文化；各个时期的调适、创新是流变，是当时的生活文化。如今我们应该继续从历史意义和现实意义两个角度去认识太公祭。首先，明代礼制是有变化的，尤其是明初洪武时期的礼制和嘉靖十年"大礼议"后推恩令下的礼制，集中体现在《大明集礼》和《明会典》之中。其次，在社会实践中，礼制（尤其是祭礼）更是受到具体情况的制约。虽然清朝基本袭用明代礼制，但时过境迁，很多事情面目全非，尤其是伯爵世袭制的取消改变了祭祀主体。民国和新中国时期更有颠覆性的改变。六百多年来，太公祭至少经历了刘璟、刘貊、刘瑜、刘禄、刘孔昭、刘耀东及文成县人民政府之手，多次明确提出重构祭典。因此，"传统的发展"是我们对传承的考量。

在整个浙江南部地区，在明代大礼仪倡导者张璁的故乡温州，以祭典之名列入国家级非物质文化遗产的只有太公祭。从明到清，温州人张璁、孙诒让、孙希旦都是研究礼仪的大家，他们和项乔、王澈等又是宗族文化的主要创建者和实践者。时至今日，温州依然是全国宗族祭祀和宗族文化非常发达的地区。刘基祭祀已经成为刘氏散居宗亲觅祖认宗的活动，成为文成县的地方祭典，成为温州地区宗族文化活动的最高形式。太公祭作为历史名人祭祀、民间宗族祭祀、地方俗神祭祀的综合，有必要对其进行保护并将其建设成全国具有一定影响力的祭仪范本。

（一）创立太公祭基金会

祭祀典礼是建立在经济基础上的。明代太公祭主要为"禄祭"，朝廷通过世袭诚意伯制度给刘基祭祀提供俸禄，提供祭祀所需的爵位，从而维护祭祀的品级和规模。清代和民国时期的太公祭主要为"田祭"，通过祭田的耕种和田租实施轮值制祭祀，族产成为维系祭祀的物质条件，基本的祭品常常因为祭费不足而减缩，颁胙礼更是不敢奢望的仪式。20世纪80年代恢复太公祭以及太公祭列入国家"非遗"以来，公祭和家祭的祭祀费用主要来自地方财政的逐次申请和个人捐献，不能长期保障祭祀开展。因此，一个常设的管理基金会和围绕太公祭开展各项活动，才是在失去禄祭和田祭之后，符合现代社会中传统祭祀运作规律的方式，才能使太公祭得到更好的保护与传承。

太公祭基金的来源可以由国家文化保护经费、地方财政资助、旅游收入分成、宗族集资、个人捐献、祭祀产品开发等几块组成，用于祭祀场所维护、祭祀用品添置、祭祀典礼用度、祭礼研究、实践实习、学术交流等，采用文化企业的经营运作方式。

（二）与时俱进，传承刘基的教育文化资源

在现代教育领域，刘基是一个很好的文化资源，文成县政府已经充分认识到这一点，在南田镇打造了刘基廉政广场。

刘基一生清廉，二十六岁出任江西高安县县丞时就写了《官箴》自律："字民奚先，字之以慈。疾病颠连，我扶我持。弱不可凌，愚不可欺。刚不可畏，媚不可随。"成为为官"立德"廉政的楷模。在当

前的反腐斗争中，充分认识刘基廉政文化的价值，利用廉政广场打造国家级廉政教育和集训基地，延请国内外知名学者和政界名流开设专题讲坛，举行"听经释奠"仪式，颁发廉政学习结业证书，不失为一项创新性的政治教育活动。

目前国学虽然成为一门热点学科，但基础教育一时还很难满足社会对国学学习的需求。刘基的"立言"成果应该融入国学教育，成为地方国学学习的一个部分。在文成县刘基文化研究会的努力下，《诚意伯刘先生文集》已经于2011年出版，更多的刘基文献也在整理和出版之中。

此外，仿照曲阜孔庙祭祀时的"诗礼讲经"方式，开设"刘基国学讲堂"，学习刘基文集和其他经典，设计"通经"考核，举行"通经释奠"仪式，也可以丰富太公祭的内容，提升其水平。

（三）重视叙礼，提高与祭者间的凝聚力

保护和传承太公祭的社会意义，在于增强社会凝聚力。从《刘族大宗祭祀须知》看，清代太公祭已经有叙礼环节。叙礼是指在祭祖尾声举行族人团拜礼，按尊卑长幼之序行相见礼。随着族众的日益扩大，参与祭祀的散居各地的刘氏宗亲不断增多，社会大众的广泛参与，政府官员和学者的大量介入，提高社会凝聚力的仪式目的应该进一步明确化，因此举行团拜礼的环节需要进一步突出，使之显得更隆重和有意义。

在《礼记》中，叙礼的仪式被称为"旅酬"，是祭祀结束后在宗庙的东边台阶上宾主相互祝酒献酬的团拜过程。孔颖达《礼记正义》解释："酬宾讫，主人洗爵于阼阶上献长兄弟，及众兄弟，及内兄弟于房中。献毕，宾乃坐，取主人所酬之觯于阼阶前酬长兄弟，长兄弟受觯，于西阶前酬众兄宾，众宾酬众兄弟，所谓旅酬也。"[1]

根据南开大学冯尔康教授的介绍，清代秦州西厢里张氏的祭祀叙礼仪节为：大长辈就位，受次长辈以下跪拜礼，作揖答拜，退位；次长辈兄弟就位，先同辈对揖，接着接受又次辈以下礼拜，亦行作揖答拜礼，退位；三次长辈兄弟登场，分立对揖，而后接受四次辈以下的跪拜礼，答礼如前辈；四次辈、五次辈、六次辈、七次辈各辈行礼如前仪。清代山东即墨杨氏春节祭祖叙礼中的事兄仪节强调：凡兄弟拜，如五人，最长者居西，以肩为比，次居稍西，三中央，四稍东，五极东，皆北向。其四人揖，则同揖；其四人跪，四叩，则最西者立而扶之；四人叩毕，起，又同揖。最西者受礼后退出，稍西者受其他三人礼，如前仪；然后中立者、稍东者次第受礼，同于前。兄弟行礼，不问亲疏，但以年齿论，哪怕只长一日一月亦须如此礼敬。清代清江熊氏元旦祠祭礼毕团拜：族人依次入班，首辈团拜，面南而立，

[1] 郑玄注，孔颖达等正义：《礼记正义》。见《十三经注疏》，中华书局1988年版，第1391页。

他人按辈次两旁相向叙立，然后依辈次分批上前，向首辈礼拜，如此逐辈致礼。[1]

以上三条宗族祭祀细则为我们提供了团拜礼的一些依据，我们可依此创设官员与宗亲之间、学者与宗亲之间、地方民众与宗亲之间、外地宗亲与当地宗亲之间的团拜规范及不同辈分之间的团拜规范，演绎符合现实情况的太公祭团拜礼。

（四）结合现代生活时尚和地方传统习俗，恢复颁胙礼

颁胙礼是祭祀仪式完成后，分给族人胙肉、其他祭品或少许钱物的仪节。它本来就是太公祭中的一个环节，只是现在比较少见而已。而从理念上看，颁胙的仪式化越来越重要，也非常符合现代仪式活动的需要。

据冯尔康教授介绍，安徽歙县汪氏族祭完毕，各领胙筹，俟鸣锣赴祠序坐，每名正主颁胙肉一斤，寿桃一斤，散胙酒若干；乡绅、举贡、监生与祭者，颁腥胙一斤，以重士子，以鼓后学。绍兴中南王氏宗祠雍正十一年（1733）规定，凡有超群衣顶弟子，其给胙又较执事者次第倍之，以表奖劝之意。南海陈氏家族规定祠祭、族老、绅衿、执事礼生俱加颁胙。[2]现在浙南地区的宗族组织依然有为高

[1] 冯尔康：《清代宗族祭礼中反映的宗族制特点》，《历史教学》2009年第8期，第5页。

[2] 冯尔康：《清代宗族祭礼中反映的宗族制特点》，《历史教学》2009年第8期，第5页。

考、考研、读博的子弟发放奖励的举措。笔者在山西代县调查时，发现该县高考上线红榜和重点中学中考录取榜张贴在文庙里，年年更迭。现在企事业单位的年会庆典，也往往利用颁奖和抽奖活动加强互动、营造氛围。尤其是近年来，网络上"发红包"成为提升人气和加强互动、追求吉利的时尚方式。

综合这些做法，结合太公祭举行全县范围和刘氏宗亲范围内的考试奖励活动，让青少年学生熟悉祭仪，积极参与颁胙形式的颁奖活动，从而加强祭仪的互动性和体验性，做到传统与时尚的有机结合，不失为一种明智之举。

（五）以馂礼开发"伯温家宴"

我们现在祭神仪式完毕"吃福酒"，祭祖仪式完毕"吃祠堂酒"，古代称之为"馂礼"。《礼记·祭统》说："馂者，祭之末也。"意思是说馂礼是祭祀过程中的最后一个仪式。清代温州著名礼制研究专家孙希旦说："食余，曰馂。"指出"馂"就是享用祭祀过后的牲品。在南田刘氏的春秋二祭中，刘基家族成员、地方官员绅生、外地族裔、地方民众共同参与的馂礼，因时间的周期性和菜色的固定性演变为"伯温家宴"。

伯温家宴的馂礼内涵，是一种施惠仪式，即将祖先刘基的大恩泽遍施给家族后裔、地方缙绅、民众邻里。祭祀观念认为，神明或祖先享用过的祭品，尤其是三牲，保留着一份福祉，人们分享这份祭

\n\n

馂余——伯温家宴（林亦修 摄）

品，也就分到了福祉，起"分胙补运"的功效。古代的馂礼是按照亲疏、贵贱的等级秩序来安排尸、君、卿、大夫、士、百官依次享用这一福祉，并体现施政"惠术"的："凡馂之道，每变以众，所以别贵贱之等，而兴施惠之象也……祭者，泽之大者也。是故上有大泽，则惠必及下，顾上先下后耳。"[1]神庙祭祀中的"吃福酒"最能体现这一惠泽精神。

伯温家宴取材本地特产，以农家菜为主。这些食材不仅健康

---

[1] 《礼记·祭统》。见郑玄注，孔颖达等正义：《礼记正义》，见《十三经注疏》，中华书局1988年版，第1604页。

环保，而且在刘基诗文中多有出现。刘基《题富好礼所畜村乐图》写道："我昔住在南山头，连山下带清溪幽。山巅出泉宜种稻，绕屋尽是良田畴。黄鸡长大白鸭重，瓦瓮琥珀[1]香新筩。芋魁如拳栗壳赤，献罢地主还相酬。东邻西舍迭宾主，老幼合坐意绸缪。山花野叶插巾帽，竹箸漆碗兼瓷瓯。"《二郎神》词："辜负却故园，千山松桂，一池菱芡[2]。"《秋怀八首》之一："亭亭南山，有蕨[3]有薇[4]，黄花晚荣，紫芝秋肥。"《秋怀八首》之三："中庭有枣，累累其实，南山崒嵂，松柏萧瑟，彼芝斯荿，彼枳斯橘。"《漫成》："怅望烟尘满长路，紫芝[5]空长故山苗。"《九叹九首》之九："屣履起兮独彷徨，心悠悠兮怀故乡。原有粟兮隰有禾，桂花红兮兰紫芽。凉风动兮松柏馨，流潦落兮水泉清。蔬可茹兮秫[6]可酒，集乡里兮会亲友。坐白石兮荫苍筠，玩明月兮思古人。"这些诗里就提到了稻谷、黄鸡、大白鸭、琥珀、香筩、芋、栗、松桂、菱芡、蕨、薇、黄花菜、芝草、枣、橘、粟、秫、桂花、兰紫、笋等山珍食材，还有竹箸、漆碗、瓷瓯等特色食具。

---

[1] 琥珀：借代上等黄酒，因色如琥珀，故称。

[2] 菱：菱角。芡：水生植物，又名鸡头，种子名芡实，供食用或入药。

[3] 蕨：菜名，嫩叶可食，即俗称山蕨。

[4] 薇：菜名，又名野豌豆。

[5] 刘耀东《南田山志》注：芝草有青紫二种，紫色生石壁间，较少。

[6] 秫：黏高粱，可以做酒。

　　人们在食品加工过程中赋予菜品独特的文化意义，形成食俗故事。"山粉饺"也称散粉饺，是用番薯粉和着山芋泥作表皮，鲜肉、冬笋等作内馅的三角形饺子，寓意"三元及第"，与当年刘伯温上京赶考，临行前他母亲做三角棱形饺子为他送行有关。[1]瓯江溪鱼被称为"国师鱼"，传说是龙王在刘基回乡探亲途中为其进补的小鱼。山区红米则源自刘基体恤家乡民饥，婉言劝阻朱元璋列红米为贡品，并求得减免税赋的故事。

　　伯温家宴的规格为：冷盘——野生溪鱼干（国师鱼）、醉生姜（一统江山）、萝卜条、山蕨菜、猪皮冻、手撕兔肉、泥鳅干、清明果、六月笋干；热菜——红烧肉、烤全兔、溪虾、国师鱼、文成番薯粉丝、红米饭、蒲瓜干、笋干、香菇、农家豆腐、白露地温蛋、山粉饺（三元及第）、山蕨；点心——烧饼；酒——白酒、伯温米仁酒、黄酒、本地米酿红酒。这些都是山区农家特产。

　　这场家宴，既水陆俱陈、品类齐全，又经济实惠、不铺张浪费，得到了南田等地人民的喜爱，很快就推广开来。伯温家宴不仅仅是刘氏家族的宴席，更成了南田甚至整个文成县的流行宴席。

　　现在的刘基祭祀馂礼已经发展成百家宴，流水席达上千桌次。伯温家宴已成为一种文化符号，便于传承和推广。随着旅游业的发

[1]　叶则东：《浅谈刘基与民间文化的联系》。见《刘基文化论丛（2）》，延边大学出版社2007年版。

展,伯温家宴更成为游客的食俗文化大餐,在产业化道路上具有无限的发展前景。

主要参考文献

南田刘氏宗族首事会编：《刘氏宗谱》。1993年重刊本。宗族内部资料。

刘耀东编撰：《刘族大宗祭事须知》。中华民国19年编撰。宗族内部资料。

刘耀东编纂：《南田山志》。文成县政协学习文史委员会《文成文史资料》第二十一辑，2008年编。

刘基著：《诚意伯刘先生文集》。中国文史出版社，2011年版。

申时行等修：《明会典》万历朝重修本。中华书局，1989年版。

《礼记》、《周礼》、《仪礼》。参阅《十三经注疏》等多种版本。

朱熹著：《朱子家礼》。参阅《朱子全集》。

钱玄、钱兴奇编著：《三礼辞典》。凤凰出版社，2014年版。

王世襄编著：《明式家具研究》。三联书店，2001年版。

张璁著：《温州文库张璁卷》。2012年影印。内部资料。

周文峰著：《刘伯温民间传说集成》。重庆大学出版社，2011年版。

刘日泽编著：《散写刘伯温》。中国文联出版社，2013年版。

刘定卿编著：《话说刘伯温》。中国文史出版社，2011年版。

俞美玉编：《刘基研究资料汇编》。人民出版社，2011年版。

徐世槐评注：《刘基故里楹联评注》。人民出版社，2011年版。

孔祥林、管蕾、房伟著：《孔府文化研究》。中华书局，2013年版。

胡宗宪修，薛应旂编撰：嘉靖《浙江通志》（全4册）。上海古籍出版社，1991年版。

赵克生：《明朝嘉靖时期国家祭礼改制研究》。社会科学文献出版社，2006年版。

温州广播电视传媒集团、文成县广播电视台联合录制：《第五届中国（文成）刘伯温文化节开幕式暨"太公祭秋祭大典"》DVD光盘。2013年录制。内部资料。

洪洞大槐树寻根祭祖园：《第十七届中国·洪洞大槐树寻根祭祖大典》DVD光盘。内部资料。

洪洞大槐树寻根祭祖园：《第十九届中国·洪洞大槐树寻根祭

祖大典》DVD光盘。内部资料。

洪洞大槐树寻根祭祖园：《第二十一届中国·洪洞大槐树寻根祭祖大典》DVD光盘。内部资料。

冯尔康：《清代宗族祭礼中反映的宗族制特点》，《历史教学》2009年第8期。

蔡克骄：《明代温州祠堂祭祖述论——以温州市龙湾区项氏、王氏、张氏家族为例》，《温州职业技术学院学报》2012年第9期。

常建华：《明清时期祠庙祭祖问题辨析》，《第二届明清史国际学术讨论会论文集》，天津人民出版社，1992版。

常建华：《明代宗族祠庙祭祖的发展》，《中国社会历史评论》第二卷，天津古籍出版社，2000年版。

常建华：《明代宗族祠庙祭祖礼制及其演变》，《南开学报》2001年第3期。

陈柯云：《明清徽州的修谱建祠活动》，《徽州社会科学》1993年第4期。

赵华富：《徽州宗族祠堂的几个问题》，《'95国际徽学学术讨论会论文集》，安徽大学出版社，1997年版。

赵克生：《明代士人对宗祠主祭权多元化的思考》，《东北师大学报》2010第2期。

赵克生：《嘉靖时期的祭礼大变革》，《西北师大学报》2008年第2期。

赵克生：《洪武十年前后的祭礼改制》，《东南文化》2004 年第5期。

任晓峰：《周代宗庙尸祭礼仪考论》，《科学·经济·社会》2014年第1期。

后记

　　从接到撰写《文成太公祭》的任务至今，已经有两年多的时间。接受这一任务的初衷，是考虑到祭祀文化的重要性，同时这又是刘基文化研究中的一个弱项，值得一写。两年下来，更多的体会则是写作的艰辛。

　　写作之前，我们多次考察过刘基故里和祭祀仪式，参加过刘基文化的学术研讨，对太公祭有了初步了解；写作之初，文成县非物质文化遗产保护中心郑文清先生提供了大量的文献资料。在此基础上，我们对刘基祭祀委员会秘书长刘日泽先生、太公祭非遗传承人刘一侠先生等进行深入的访谈，并且举行了两次座谈会；郑文清、雷克丑、陈胜华等刘基文化研究人员多次陪同调查；我们还参与了2014年的秋祭大典。

　　为了进一步了解全国祭祀仪式现状，我们走访了山东曲阜孔庙、山西洪洞大槐树寻根祭祖园、浙江衢州南孔庙，感受当地的祭祀氛围，参观祭祀场所的祭器陈设，观摩这些地方历年祭祀仪式录像，还研讨了炎帝陵祭、黄帝陵祭、大禹陵祭等祭祀仪式，分析它们的传承和创新，作为我们的参考。

我们研读《礼记》、《朱子家礼》、《明会典》等祭祀文献，研究孔庙祭祀和明清家族祭祀资料。

我们希望在传统祭祀理论和各类祭祀仪式的参照下梳理刘基的祭祀文化。陈胜华、刘日泽、刘一侠、雷克丑、张璐、周上党、郑文清等先生审阅了初稿，省非遗专家杨思好先生认真审阅本书，并提出了宝贵的意见。

感谢上述各位先生的协助和指导。刘基祭祀文化的很多课题才刚刚被提出来，有待深入的研究。文稿存在的问题都是编著者的学识和时间有限导致，请多多指正。

林亦修

于温州大学人文楼

2015年11月

责任编辑：张　宇　盛　洁
装帧设计：薛　蔚
责任校对：王　莉
责任印制：朱圣学

装帧顾问：张　望

图书在版编目（ＣＩＰ）数据

文成太公祭 / 蒋海波主编；林亦修, 林小雯编著.
－－ 杭州：浙江摄影出版社, 2015.12（2023.1重印）
（浙江省非物质文化遗产代表作丛书 / 金兴盛主编）
ISBN 978−7−5514−1181−3

Ⅰ.①文… Ⅱ.①蒋… ②林… ③林… Ⅲ.①祭礼—
介绍—温州市 Ⅳ.①K892.98

中国版本图书馆CIP数据核字（2015）第278089号

文成太公祭
蒋海波　主编　林亦修　林小雯　编著

全国百佳图书出版单位
浙江摄影出版社出版发行
　　　地址：杭州市体育场路347号
　　　邮编：310006
　　　网址：www.photo.zjcb.com
制版：浙江新华图文制作有限公司
印刷：廊坊市印艺阁数字科技有限公司
开本：960mm×1270mm　1/32
印张：7.75
2015年12月第1版　　2023年1月第2次印刷
ISBN　978−7−5514−1181−3
定价：62.00元